드림중국어 신 HSK 초.중급 필수 단어

(HSK 최신 개정 내용 반영, HSK 초.중급 단어 5456 개 전면 수록)

梦想中国语 初.中级 词汇 HSK 3.0 版

드림중국어 신 HSK 초.중급 필수 단어

(HSK 최신 개정 내용 반영, HSK 초.중급 단어 5456 개 전면 수록)

梦想中国语 初. 中级 词汇 HSK 3.0 版

종이책 최신판 발행 2023년 08월 08일
전자책 최신판 발행 2023년 08월 08일

편저:	류환
디자인:	曹帅
발행인:	류환
발행처:	드림중국어
주소:	인천 서구 청라루비로 93, 7 층
이멜:	5676888@naver.com
등록번호:	654-93-00416
등록일자:	2016 년 12 월 25 일

종이책 ISBN: 979-11-93243-27-5 (13720)
전자책 ISBN: 979-11-93243-44-2 (15720)

값: 38,800 원

이 책은 저작권법에 따라 보호받는 저작물이므로 무단복제나 사용은 금지합니다. 이 책의 내용을 이용하거나 인용하려면 반드시 저작권자 드림중국어의 서면 동의를 받아야 합니다. 잘못된 책은 교환해 드립니다.

 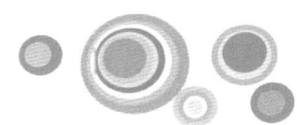

< 목 록 >

HSK 의 새로운 변화 1

신 HSK 1 급 필수 단어 500 .... **15**
1-100 15
101-200 18
201-300 20
301-400 23
401-500 26

신 HSK 2 급 필수 단어 772 .... **30**
1-100 30
101-200 32
201-300 35
301-400 38
401-500 41
501-600 44
601-700 46
701-772 49

신 HSK 3 급 필수 단어 973 .... **52**
1-100 52
101-200 55
201-300 57
301-400 60
401-500 63
501-600 66
601-700 69
701-800 72
801-900 75
901-973 78

신 HSK 4 급 필수 단어 1000 .... **80**
1-100 80

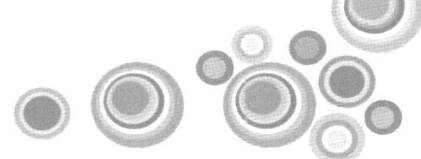

101-200	83
201-300	85
301-400	88
401-500	91
501-600	94
601-700	97
701-800	100
801-900	103
901-1000	105

신 HSK 5급 필수 단어 1071 ... 109

1-100	109
101-200	112
201-300	114
301-400	117
401-500	120
501-600	123
601-700	126
701-800	129
801-900	132
901-1000	134
1001-1071	137

신 HSK 6급 필수 단어 1140 ... 140

1-100	140
101-200	143
201-300	145
301-400	148
401-500	151
501-600	154
601-700	157
701-800	160
801-900	163
901-1000	165
1001-1100	168
1101-1140	171

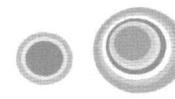

신 HSK 3.0 시대, HSK의 새로운 변화

HSK 단어 전에는 최고급 6급 필수 단어는 5000개였는데 개정후 최고급 9급 필요한 단어는 총 11092개가 되었다.

1. '한어수평고시 (HSK)'는 어떻게 변할까?

'한어수평고시 (HSK)'는 국제 표준화 언어 시험이며 제2 외국어로서의 중국어 학습자가 생활, 학습, 업무에서 중국어를 사용하여 교제하는 능력을 평가하는 것이다. 30여 년의 발전을 거쳐 HSK는 이미 국제적으로 유명한 시험인 동시에 세계적으로 공인하는 중국어 능력 평가 도구가 되었다.

'한어수평고시 (HSK)'가 1984년에 창설된 지 벌써 37년이 되었다. 초급, 중급, 고급으로 나뉜 '3단계 11등급'인 HSK1.0과 '1급부터 6급까지' 6개의 등급이 있는 HSK2.0 두 번째 단계를 거쳐, '3단계 9등급'인 HSK3.0의 새로운 단계를 맞게 된다.

최근, "국제 중국어 교육 중국어 수준 등급 표준"(GF0025-2021) (이하 "표준"으로 약칭함)이 중국 교육부와 중국 국가 언어 문자 사업 위원회에 의하여 정식으로 발표되었으며, 2021년 7월 1일부터 정식으로 실시될 것이다. 이는 중국에서 처음으로 외국인 중국어 학습자를 대상으로 학습자의 중국어 언어 능력과 수준을 전면적으로 묘사하고 평가하는 표준 규범이다.

"표준"이 정식으로 실시된 후 HSK 시험은 "표준"에 의거하여 외국인 중국어 학습자의 전반적인 상황과 결부하여 최적화되고 조정될 것이다. 우선 HSK는 '학습자 중심'의 시험 이념을 더욱 강화하여 시험과 교육을 결합하고 점진적으로 나아갈 것을 견지할 것이다. 둘째, HSK는 시험 내용에 중국어의 특색을 더하고 중국어 음성, 한자, 어휘, 문법에 대한 종합적인 고사를 강화할 것이다. 셋째, HSK는 계속해서 과학 기술을 선도로 하여 시뮬레이션 진단, 재택 온라인 시험, 빅데이터와 클라우드 서비스 등 스마트 학습과 평가 기술을 대대적으로 발전시켜 전 세계 중국어 학습자들의 다양한 수요를 끊임없이 만족시킬 것이다. 또 HSK는 현재 기존 있는 6개의 등급 안정성을 유지하면서 HSK 고급 (7~9등급)을 추가하여 '3단계 9등급'으로 최적화하고 조정할 것이다.

"국제 중국어 교육 중국어 수준 등급 표준"은 학습자의 중국어 수준을 낮은 것에서 높은 것으로 3단계로 나누는데, 즉 초급, 중급, 고급 3개의 단계마다 내부에서 수준 차이에 따라 각각 3등급으로 나누어 총 '3단계 9등급' 체제를 만들 것이다. "표준"은 음절 (1110개), 한자 (3000개), 어휘 (11092개), 문법 (572개) 등 4가지 언어 기본 요소로 '4차원 기준'을 구성하고, 언어 교제 능력,

화제 임무 내용, 언어 계량화 지표로 3개의 평가 차원을 형성하고 중국어 듣기, 말하기, 읽기, 쓰기, 번역하기를 5가지의 언어 기능으로 삼고 학습자의 중국어 수준을 정확하게 측정할 것이다.

2. 언어 계량화 지표 Quantitative criteria

학습자가 각 등급의 중국어 수준에 이르기 위해 파악해야 하는 음절, 한자, 어휘, 문법의 내용과 수량이다. (아래 표 참조)

"국제 중국어 교육 중국어 수준 등급 표준" 계량화 지표

단계	등급	음절	한자	어휘	문법
초급	1급	269	300	500	48
	2급	199/468	300/600	772/1272	81/129
	3급	140/608	300/900	973/2245	81/210
중급	4급	116/724	300/1200	1000/3245	76/286
	5급	98/822	300/1500	1071/4316	71/357
	6급	86/908	300/1800	1140/5456	67/424
고급	7—9급	202/1110	1200/3000	5636/11092	148/572
총계		1110	3000	11092	572

주석: 표의 "/" 앞에 있는 숫자는 해당 등급에 새로 추가된 언어 요소의 수량을 표시하고 뒷부분의 숫자는 해당 등급까지 누적된 언어 요소의 수량을 표시한다. 고급 언어 계량화 지표는 더 이상 급별로 세분화하지 않는다.

3. 등급 설명

3.1 신 HSK 초급

간단한 언어 자료를 기본적으로 이해하고 효과적인 사회 교제를 할 수 있다. 일상생활, 학습, 일, 사회 교제 등 제한된 화제의 표현을 완성하고 자주 사용하는 문장 형식으로 짧은 문단을 구성하여 간단한 교제 임무를 완성할 수 있다. 간단한 교제 전략을 구사하여 일상적인 표현을 보조할 수 있다. 초보의 단계에서 중국 문화 지식을 이해하고 다문화 교제 능력을 갖추어야 한다. 초급 단계를 마치기 위해서는 음절 608개, 한자 900개, 단어 2245개, 문법 210개를 습득해야 하고 한자 300개를 쓸 수 있어야 한다.

3.1.1 신 HSK 1급 기준

언어 교제 능력: 초보 단계의 듣기, 말하기, 읽기, 쓰기 능력을 갖추고 있다. 가장 익숙한 화제에 대해 간단하거나 피동적으로 교류할 수 있고 가장 기본적인 사회 교제를 완성할 수 있다.

화제 임무 내용: 화제는 개인정보, 일상생활, 음식, 교통, 취미 등을 포함한다. 이와 관련된 교제 임무를 완수할 수 있고 예를 들면 다른 교제 대상에 대해 가장 간단한 예절 용어를 사용할 수 있으며 공공장소 중의 특정한 간단한 정보를 판별하고 문의하여 확인할 수 있다.

언어 계량화 지표: 음절 269 개, 한자 300 개, 어휘 500 개, 문법 48 개.

1) 듣기

1 급 화제와 관련된 임무의 내용과 단어나 단문을 위주로 하는 짧은 대화를 (80 자 이내) 알아들을 수 있다. 대화의 발음이 표준적이고 음성이 분명하며, 말의 속도가 느리다 (100자/분 이상). 그림이나 실물 등 보조적 수단을 통해 기본 정보를 이해할 수 있다.

2) 말하기

1 급 언어 계량화 지표의 음절을 파악할 수 있고, 발음이 기본적으로 정확하다. 본 급수와 관련된 어휘와 문법을 사용할 수 있어 관련된 화제 표현과 교제 임무를 완성할 수 있다. 초보 수준의 구두 표현 능력을 구비하고 있으며 단어 및 상용 단문으로 간단한 문답을 진행할 수 있다.

3) 읽기

1 급 언어 계량화 지표와 관련되는 음절, 한자와 어휘를 정확하게 알고 있으며 읽을 수 있다. 그림, 한어병음 등의 도움을 받아 본 급수의 화제 임무 내용에 관련되고 문법이 본 급의 범위를 초과하지 않는 언어 자료 (100 자 이내)를 읽고 이해할 수 있으며, 읽기 속도가 80 자/분보다 늦지 않다. 일상생활에서 가장 흔히 볼 수 있는 표지를 식별할 수 있고 간단한 쪽지, 도표, 지도에서 기본적인 정보를 얻을 수 있다.

4) 쓰기

초급 필기 한자표에 있는 한자 100 자를 습득하여야 한다. 한자의 획수와 획순의 쓰기 규칙 및 가장 흔한 문장 부호의 용법을 기본적으로 알아야 한다. 한자를 기본적으로 정확하게 베껴 쓸 수 있으며, 속도가 10 자/분보다 느리지 않다. 기본적인 서면 표현 능력을 구비해야 하고 간단한 단어와 상용 단문을 사용할 수 있어 기본적인 개인정보를 작성하고 쪽지를 쓸 수 있다.

3.1.2 신 HSK 2 급 기준

언어 교제 능력: 기본적인 듣기, 말하기, 읽기, 쓰기 능력을 갖추고 있다. 비교적 익숙한 화제에 대해 간단한 교류를 할 수 있고 가장 간단한 사회 교제를 완성할 수 있다.

화제 임무 내용: 화제는 기본적인 사교, 가정 생활, 학습 일정, 쇼핑, 식사, 개인 감정 등을 포함한다. 그와 관련된 교제 임무를 완성할 수 있다. 예를 들면 친구와 중국집에서 음식을 주문하고 취향을 교류할 수 있고, 입학 서류에 담긴 정보를 판별하고 작성할 수 있다.

언어 계량화 지표: 음절 468개 (199개 새로 증가), 한자 600개 (300개 새로 증가), 어휘 1,272개 (772개 새로 증가), 문법 129개 (81개 새로 증가).

1) 듣기

2급 화제와 관련된 업무 내용과 단문을 위주로 하거나 소량의 간단한 복문을 포함하는 대화 또는 일반적 연설 (150자 이내)을 알아들 수 있다. 대화나 말의 발음이 표준적이고 발음이 분명하며, 말의 속도가 비교적 느리다 (140자/분 이상). 손짓, 표정 등 보조적 수단을 통해 기본 정보를 이해할 수 있다.

2) 말하기

2급 언어 계양화 지표의 음절을 파악할 수 있고 발음이 기본적으로 정확하다. 본 급수와 관련된 어휘와 문법을 사용할 수 있다. 관련된 화제의 표현과 교제 임무를 완성할 수 있다. 기본적인 구두 표현 능력을 갖추고 있고 간단한 문장으로 간단한 문답, 진술 및 사교적인 대화를 진행할 수 있다.

3) 읽기

2급 언어 계량화 지표에 관련된 음절, 한자, 어휘를 정확하게 알고 읽을 수 있다. 병음, 삽화, 학습 사전 등을 이용하여 본 급의 화제 임무 내용에 관련되고 문법이 본 급의 범위를 초과하지 않는 짧은 언어 자료 (200자 이내)를 읽고 이해할 수 있으며, 읽기 속도가 100자/분보다 낮지 않다. 소개하는 형태나 서술문 등의 언어 자료에서 구체적인 목표 정보를 얻을 수 있으며 기본적으로 일반적인 통지문, 전자 메시지 등을 읽을 수 있다.

4) 쓰기

초급 필기 한자표에 있는 한자 200자를 습득할 수 있다. 한자의 획수와 획순의 쓰기 규칙 및 가장 흔한 문장 부호의 용법을 잘 파악하고 있다. 비교적 정확하게 한자를 베껴 쓸 수 있으며, 속도가 15자/분 이상이다. 초보적인 서면 표현 능력을 구비하고, 간단한 문장을 사용하여 규정된 시간 내에 개인 생활이나 학습과 밀접히 관계되는 기본 정보를 소개할 수 있으며 글자 수는 100자보다 적지 않다.

3.1.3 신 HSK 3 급 기준

언어 교제 능력: 일반적인 듣기, 말하기, 읽기, 쓰기 능력을 갖추고 있다. 기본적인 일상 생활, 학습, 일과 관련된 주제에 대해 짧게 의사소통을 하고, 일상적인 사회 교제를 완성할 수 있다.

화제 임무 내용: 화제는 여행 경험, 과정 상황, 오락 및 체육 활동, 명절 풍습, 교육, 직업 등을 포함한다. 그와 관련된 교제 임무를 완성할 수 있다. 예를 들면 춘절 등 전통적인 명절의 행사 배치나 명절 풍속에 관해 사람들과 의사소통할 수 있고 공식적인 구두 또는 서면으로 초청한 다른 사람의 초대에 응할 수 있다.

언어 계량화 지표: 음절 608 개 (140 개 새로 증가), 한자 900 개 (300 개 새로 증가), 어휘 2245 개 (973 개 새로 증가), 문법 210 개 (81 개 새로 증가)

1) 듣기

3 급 화제에 관련된 업무 내용 및 긴 단문과 간단한 복문을 위주로 하는 대화나 일탄적 연설 (300 자 이내)을 알아들을 수 있으며, 대화나 말하기 발음이 기본적으로 표준적이고 발음이 분명하며 말의 속도가 거의 정상 (180 자/분 이상)에 가깝다. 음성, 억양, 말의 속도의 변화 등 보조적 수단을 통하여 주요 정보를 이해하고 얻을 수 있다.

2) 말하기

3 급 언어 계량화 지표의 음절을 파악할 수 있고, 발음이 기본적으로 정확하다. 본 급수와 관련된 어휘와 문법을 사용하여 관련된 화제 표현과 교제의 임무를 완성할 수 있다. 일반적인 구두 표현 능력을 구비하고 소량의 비교적 복잡한 문장 형식을 사용하여 간단한 교류나 토론을 진행할 수 있다.

3) 읽기

3 급 언어 계량화 지표에 관련된 음절, 한자, 어휘를 정확하게 알고 있으며 읽을 수 있다. 본 급수의 화제 임무 내용과 관련되고 문법이 기본적으로 본 급의 범위를 초과하지 않는 언어 자료 (300 자 이내)를 읽고 이해할 수 있으며, 읽기 속도가 120 자/분보다 느리지 않다. 간단한 복문을 이해할 수 있고, 서술문과 설명문 등과 같은 언어 자료를 읽고 이해할 수 있으며, 글의 취지와 세부 정보를 이해할 수 있다. 자전, 사전 등을 이용해서 새 단어의 의미를 이해할 수 있다. 초보 수준의 약독, 찾아 읽기 등의 읽기 능력을 갖추고 있다.

4) 쓰기

초급 필기 한자표에 있는 한자 300 자를 습득하고 있다. 한자의 획수와 획순의 쓰기 규칙 및 각종 문장 부호의 용법을 비교적 능숙하게 파악할 수 있다. 정확하게 한자를 베껴 쓸 수 있으며, 속도가 20 자/분 이상이다. 일반적인 서면 표현 능력을 구비하고, 간단한 서면 교류를 진행할 수 있으며, 규정된 시간 내에 이메일, 통지서 및 서술적인 단편 등을 쓸 수 있으며, 글자 수는 200 자 이상이다. 문장이 기본적으로 통하고 표현이 기본적으로 명확하다.

3.2 신 HSK 중급

여러 가지 주제의 일반적인 언어 자료를 이해하고 사회 교제를 비교적 유창하게 진행할 수 있다. 일상생활, 일, 직업, 사회 문화 등 분야의 비교적 복잡한 화제에 대해 기본적인 단락 표현을 할 수 있다. 흔한 교제 전략을 구사할 수 있다. 기분적으로 중국 문화 지식을 이해하고 기본적인 다문화 교제 능력을 갖추어야 한다. 중급 단계를 마치면 음절 908 개 (300 개 새로 증가), 한자 1800 개 (900 개 새로 증가), 어휘 5456 개 (3211 개 새로 증가), 문법 424 개 (214 개 새로 증가)를 습득하였으며, 한자 700 자 (400 자 새로 증가)를 쓸 수 있어야 한다.

3.2.1 신 HSK 4 급 기준

1) 듣기

4 급 화제 임무 내용에 관련된 비공식적 대화 (400 자 이내)를 알아들 수 있으며, 대화나 말의 발음이 자연스럽고, 사투리가 약간 있으며 말의 속도(180-200 자/분)가 정상적이다. 그 중 불필요한 반복과 휴식 등의 영향을 피할 수 있어 정확하게 주요 정보를 얻을 수 있다. 말에 숨은 뜻을 알아차릴 수 있고 대화나 대화에서 다루는 문화적 요소를 의식할 수 있다.

2) 말하기

4 급 언어 계량화 지표의 음절을 습득할 수 있고 발음이 기본적으로 정확하며 억양이 비교적 자연스럽다. 본 급수와 관련된 어휘와 문법을 사용할 수 있으며 관련된 화제의 표현과 교제 임무를 완성할 수 있다. 초보적인 단락으로 표현하는 능력을 갖추고 있고 비교적 복잡한 문장 형식을 사용하여 사건 발전을 서술하고, 복잡한 상황을 묘사하며, 관점과 감정을 간단하게 진술할 수 있고, 일반적인 대화를 진행할 수 있으며, 표현이 비교적 유창하고, 단어 사용도 비교적 정확하다.

3) 읽기

4급 언어 계량화 지표와 관련된 음절, 한자와 어휘를 정확하게 알고 읽을 수 있다. 본 급수의 화제 임무 내용과 관련되고 문법이 본 급의 범위를 초과하지 않는 언어 자료 (500자 이내)를 읽고 이해할 수 있으며, 읽기 속도가 140자/분보다 느리지 않다. 일반적인 복문을 이해할 수 있고 서술문과 설명문 등의 언어 자료와 간단한 논설문을 읽고 이해할 수 있고 주요 내용을 이해하고 핵심 정보를 파악할 수 있으며, 적절한 추론을 할 수 있고 관련된 문화 요소를 기본적으로 이해할 수 있다. 초보 수준의 속독, 추측 및 연상, 장애 뛰어넘기 등의 읽기 기능을 파악하고 있다.

4) 쓰기

중급 필기 한자표에 있는 한자 100자를 습득하고 있다. 한자의 구조적 특징을 기본적으로 이해할 수 있다. 간단한 문장 형식을 사용하여 단락 표현을 할 수 있고 규정된 시간 내에 간단한 서술문과 설명문 등의 언어 재료의 작문을 완성하며 글자 수가 300자 이상이다. 단어 사용이 기본적으로 정확하고 문장 형식에 일정한 변화가 있으며, 내용이 기본적으로 완전하고 표현이 비교적 명확하다. 흔한 응용된 문체의 작문을 완성할 수 있고 격식이 기본적으로 정확하다.

5) 번역

초보 수준의 번역 능력을 갖추고 있으며 본 급수의 화제 내용을 번역할 수 있으며 내용이 기본적으로 완전하고 번역 과정에서 관련된 문화적 요소를 의식할 수 있다. 비공식적인 장소에서의 접대와 간단한 동반 통역 임무를 완성할 수 있고 표현이 기본적으로 유창하다. 간단한 서술문과 설면문 등의 서면 언어 자료를 번역할 수 있으며 번역문이 대체로 정확하다.

3.2.2 신 HSK 5급 기준

언어 교제 능력: 일정한 듣기, 말하기, 읽기, 쓰기 능력과 기본적인 번역 능력을 갖추고 있다. 생활, 학습, 업무 등 복잡한 주제에 대해 비교적 완전하고 유창하며 효과적인 사회 교제를 진행할 수 있다.

화제 임무 내용: 화제는 인간 관계, 생활 방식, 학습 방법, 자연 환경, 사회현상 등을 포함한다. 이와 관련된 교제 임무를 완수할 수 있다. 예를 들면 생활 속에서 흔히 보는 사회 현상에 대해 교류하거나 견해를 의사소통할 수 있고 이메일에 답장하여 자신의 학습 방법을 소개하고 건의할 수 있다.

언어 계량화 지표: 음절 822개 (98개 새로 증가), 한자 1,500개 (300개 새로 증가), 어휘 4,316개 (1,071개 새로 증가), 문법 357개 (71개 새로 증가).

1) 듣기

5급 화제 임무 내용과 관련된 비공식적이고 비교적 공식적인 대화 (500자 이내)를 알아들을 수 있다. 대화나 말의 발음이 자연스럽고 사투리가 약간 있으며 말의 속도(200-220자/분)가 정상 속도이다. 시끄러운 환경, 불필요한 반복과 휴식 등의 영향을 피하고 정확하게 주요 정보와 부분 세부 내용을 얻을 수 있다. 대화나 대화에서 다루는 문화적 요소를 기본적으로 이해할 수 있다.

2) 말하기

5급 언어 계량화 지표의 음절을 습득하고 있으며 발음이 기본적으로 정확하고 억양이 비교적 자연스럽다. 본 급수와 관련된 어휘와 문법을 사용하여 관련된 화제 표현과 교제의 임무를 완성할 수 있다. 기본적 단락으로 표현하는 능력을 구비하고 비교적 복잡한 문장 형식을 사용하여 대화를 진행할 수 있고 사건을 비교적 상세하게 서술할 수 있으며 개인의 의견을 완전하게 발표할 수 있고 비교적 복잡한 사상과 감정을 연관 지어 표현하며 용어가 적절하고 일정한 논리성을 가지고 있다.

3) 읽기

5급 언어의 계량화 지표와 관련된 음절, 한자, 어휘를 정확하게 알고 있으며 읽을 수 있다. 본 급수의 화제 임무 내용과 관련되고 문법이 기본적으로 본 급의 범위를 초과하지 않는 언어 자료(700자 이내)를 읽고 이해할 수 있으며 읽기 속도가 160자/분보다 느리지 않다. 복잡한 복문을 이해할 수 있고, 서술문, 설명문, 논설문 등의 언어 자료를 읽고 이해할 수 있고 언어 자료의 중심 의미나 논점, 논거를 이해하고 개괄할 수 있으며, 논리적인 판단을 할 수 있고 관련된 문화적 요소를 비교적 잘 이해할 수 있다. 속독, 찾아 읽기, 정보 찾기 등의 읽기 기능을 비교적 잘 파악한다.

4) 쓰기

중급 필기 한자표에 있는 한자 250자를 습득할 수 있다. 흔한 한자의 구조를 분석할 수 있다. 비교적 복잡한 문장 형식을 사용하여 단락으로 표현할 수 있고 규정된 시간 내에 일반적인 서술적, 설명적 및 간단한 논설적인 언어 자료의 작문을 완성하며 글자 수가 450자 이상이다. 단어 사용이 비교적 알맞고 문장 형식이 기본적으로 정확하며 내용이 비교적 완전하고 표현 방식이 비교적 조리있다. 일반적인 응용 문체의 작문을 완성할 수 있고 격식이 정확하며 표현이 기본적으로 규범적이다.

5) 번역

기본적인 번역 능력을 구비하고 있고 본 급수의 화제 임무 내용을 번역할 수 있으며 내용이 완전하고 번역 과정에서 관련되는 문화적 요소를 기본적으로 처리할 수 있다. 비공식적인 장소에서의 간단한 순차 통역 임무를 완성할 수 있으며, 표현이 비교적 유창하다. 일반적인 서술문, 설명문, 또는 간단한 논설문 등의 서면 언어 자료를 번역할 수 있고 번역문이 비교적 정확하다.

3.2.3 신 HSK 6 급 기준

언어 교제 능력: 일정한 듣기, 말하기, 읽기, 쓰기 능력과 일탄적인 번역 능력을 갖추고 있다. 일부 전문 분야의 학습과 업무 화제를 가지고 비교적 풍부하고 유창하며 적절한 사회 교제를 진행할 수 있다.

화제 임무 내용: 화제는 사회 교제, 회사 사무, 갈등과 분쟁, 사회 뉴스, 중국과 외국의 비교 등을 포함한다. 이와 관련된 교제 임무를 완수할 수 있다. 예를 들면 비공식적인 장소에서 중국과 외국의 역사적, 문화적 차이를 논할 수 있고 사회 뉴스를 간단하게 읽고 이해하며 논평할 수 있다.

언어 계량화 지표: 음절 908 개 (86 개 새로 증가), 한자 1,800 개 (300 개 새로 증가), 어휘 5,456 개 (1,140 개 새로 증가), 문법 424 개 (67 개 새로 증가).

1) 듣기

6 급 화제 임무 내용과 관련된 대화 혹은 연설 (600 자 이내)를 알아들을 수 있으며 대화 혹은 말하는 발음이 자연스럽고 사투리가 약간 있으며 말의 속도가 정상이거나 약간 빠르다 (220-240 자/분). 말의 어페, 수정 등의 영향을 피하여 화자의 진실한 의도를 비교적 정확하게 이해할 수 있다. 대화나 대화에서 다루는 문화적 내용을 기본적으로 이해할 수 있다.

2) 말하기

6 급 언어 계량화 지표의 음절을 파악할 수 있으며, 발음이 기본적으로 정확하고, 억양이 비교적 자연스럽다. 본 급수와 관련된 어휘와 문법을 사용할 수 있으며, 관련된 화제 표현과 교제 임무를 완성할 수 있다. 일반적인 단락 표현을 하는 능력을 갖추고 있고 복잡한 문장 형식을 사용하여 사건과 장면을 상세하게 묘사할 수 있고 유창한 토론과 간단한 협상을 진행할 수 있을 뿐만 아니라 개인의 견해와 사상 감정을 충분히 표현할 수 있으며 표현이 유창하고 단어 사용이 풍부하고 기본적으로 알맞으며 논리성이 강하다.

3) 읽기

6 급 언어의 계량화 지표와 관련된 음절, 한자와 어휘를 정확하게 알고 있으며 읽을 수 있고, 본 급의 화제 임무 내용에 관련되고 문법이 기본적으로 본 급의 범위를 초과하지 않는 언어 자료 (900 자 이내)를 읽고 이해할 수 있으며, 읽기 속도가 180 자/분보다 느리지 않다. 언어 재료의 구성 단

계를 규명하고 내용을 정확하게 이해하며 주요 논점과 정보를 포착할 수 있다. 앞뒤 문장에 근거해서 단어의 의미를 추측하고, 함축된 정보를 판단하며 관련 문화적 내용을 기본적으로 이해할 수 있다. 찾아 읽기, 정보 찾기, 요점 요약 등의 읽기 기능이 비교적 뛰어나다.

4) 쓰기

중급 필기 한자표에 있는 한자 400자를 습득할 수 있다. 한자의 구조를 비교적 능숙하게 분석할 수 있다. 비교적 길고 복잡한 문장 형식으로 문단표현을 진행할 수 있으며 규정된 시간 내에 흔한 서술적, 설명적, 논설적인 언어 자료의 작문을 완성할 수 있으며 글자 수가 600자 이상이다. 단어 사용이 적절하고, 문장 형식이 정확하고, 내용이 완전하며, 표현이 조리 있으며 연관된다. 흔한 수사법을 사용할 수 있다. 여러 가지의 응용 문체의 작문을 완성할 수 있으며 격식이 정확하고 표현이 규범적이다.

5) 번역

본 급수의 화제 임무 내용을 번역할 수 있는 일반적인 번역 능력을 갖추고 있고 내용이 완전하고 중국어 표현 습관에 부합되며 번역 과정에 언급된 문화적 내용을 처리할 수 있다. 비공식적인 장소에서의 통역 사무를 완성할 수 있으며 표현이 유창하고 제때에 수정하거나 다시 번역할 수 있다. 흔한 서술문, 설명문, 논설문 등의 서면 언어 자료를 번역할 수 있으며, 번역문이 정확하다.

3.3 신 HSK 고급

다양한 주제와 장르의 복잡한 언어 자료를 이해하고 깊이 있는 교류와 토론을 할 수 있다. 사회생활, 학술 연구 등 분야의 복잡한 화제에 대해 규범적이고 적절한 사회 교제를 할 수 있으며 논리가 분명하고 구조가 엄밀하며 글의 조직이 통하고 합리적이며 각종 교제 전략을 융통성 있게 운용할 수 있다. 중국 문화 지식에 대해 깊이 이해하고 국제적인 시야와 다문화 교제 능력을 갖추어야 한다. 고급 단계의 학습을 마치면, 음절 1110개 (202개 새로 증가), 한자 3000개 (1200개 새로 증가), 어휘 11,092개 (5636개 새로 증가), 문법 572개 (148개 새로 증가)를 습득하고, 한자 1200자 (500자 새로 증가)를 쓸 수 있어야 한다.

고급 (7—9급) 언어 계량화 지표는 더는 급수에 따라 세분화하지 않는다.

3.3.1 신 HSK 7급 기준

언어 교제 능력: 좋은 듣기, 말하기, 읽기, 쓰기 능력과 초보적인 전문 번역 능력을 갖추고 있다. 비교적 광범위하고 높은 수준의 주제에 대해 기본적으로 규범적이고 유창하며 적절한 사회적 교제를 진행할 수 있다.

화제 임무 내용: 화제는 사교 예절, 과학 기술, 문예, 체육, 심리 감정, 전공 과정 등을 포함한다. 이와 관련된 교제 임무를 완성할 수 있다. 예를 들면 비교적 정식적인 회의에서 참가자들과 의사소통할 수 있고 전공 과정의 학습 자료를 기본적으로 읽고 이해할 수 있고 과정 과제를 완성할 수 있다.

1) 듣기

7급 화제 임무 내용에 관련되고 말의 속도가 정상적이거나 비교적 빠른 일반적인 강좌와 사회 뉴스 (800자 정도)를 알아들을 수 있다. 기본적으로 환경 등 요소의 방해를 받지 않고 주요 사실과 관점을 비교적 정확하게 파악할 수 있으며 그 중 논리 구조를 이해하고 관련 사회문화적 내포를 기본적으로 이해할 수 있다.

2) 말하기

고급 언어 계량화 지표의 음절, 어휘 및 문법을 사용하여 본 급수와 관련된 화제의 표현과 교제 임무를 완성할 수 있다. 초보적인 담화 표현 능력을 갖추고 복잡한 문장 형식을 유연하게 사용하여 개인의 견해를 표현하고 토론이나 변론을 진행할 수 있다. 내용이 비교적 충실하고 표현이 유창하며 어구가 연관되고 논리성이 강하다. 발음이 정확하고 억양이 자연스럽다. 교제 상황에 따라 표현 방식을 조절할 수 있으며 언어 표현이 알맞다. 수사 수단을 사용하여 구두 표현 효과를 높이고 일정한 다문화 교제 의식을 구현할 수 있다.

3) 읽기

고급 언어 계량화 지표에 관련된 음절, 한자, 어휘를 정확하게 알고 있으며 읽을 수 있다. 본 급수의 화제 임무 내용과 관련 있는 각종 장르의 글을 읽고 이해할 수 있으며 읽기 속도가 200자/분보다 느리지 않다. 중국어의 사유와 표현 습관에 대해 어느 정도 이해하고 있으며, 담화의 구조 관계를 정확하게 파악하여 담화의 내용에 대해 분석, 판단과 논리적 추리를 할 수 있고, 관련된 문화 내용을 이해할 수 있다. 각종 읽기 기능을 파악하고 기본적으로 독립적으로 필요한 정보를 검색하고 찾을 수 있다.

4) 쓰기

고급 언어 계량화 지표에서 요구하는 한자를 손으로 쓸 수 있다. 일정한 길이의 응용문, 설명문,

논설문, 전문논문을 쓸 수 있다. 관점이 기본적으로 명확하고 순서가 기본적으로 명확하며 어구가 통하고 격식이 정확하고 표현이 적절하고 논리에 부합되어야 한다. 여러 종류의 수사법을 정확하게 구사할 수 있다.

5) 번역

전문적 번역 능력을 갖추고 있고, 본 급수의 화제 임무 내용을 번역할 수 있으며 내용이 완전하고 정확하다. 공식적인 장소에서의 순차 통역과 동반 통역을 완성할 수 있으며 표현이 유창하다. 일정한 길이의 응용문, 설명문, 논설문 등을 번역할 수 있으며, 번역문이 기본적으로 원문에 충실하고, 격식이 정확해야 한다.

3.3.2 신 HSK 8 급 기준

언어 교제 능력: 잘 갖추어진 듣기, 말하기, 읽기, 쓰기 능력과 기본적인 전문적 번역 능력을 갖추고 있다. 높은 수준 또는 전문적인 주제에 대해 비교적 규범적이고, 유창하며, 적절한 사회 교제를 할 수 있다.

화제 임무 내용: 화제는 언어 문자, 정치 경제, 법률사무, 철학, 역사 등을 포함한다. 이와 관련된 교제 임무를 완성할 수 있다. 예를 들면 철학, 종교, 시사 등의 화제에 대하여 비교적 깊이 있는 토론과 교류를 할 수 있다. 분쟁이 생겼을 때 관점을 표현하고 의문을 제기하며, 이유를 호소할 수 있다.

1) 듣기

8 급 화제 임무 내용에 관련되고 말의 속도가 정상적이거나 비교적 빠른 전문적인 강좌와 특별한 제목의 뉴스 (800 자 정도)를 알아들을 수 있다. 환경 등 요소의 방해를 받지 않고 장애를 뛰어넘고 요점을 종합하고 요약하며 세부 사항을 정확하게 파악하고 논리 구조를 이해할 수 있다. 관련된 사회문화적 의미를 잘 이해할 수 있다.

2) 말하기

고급 언어 계량화 지표의 음절, 어휘와 문법을 운용하여 본 급수와 관련된 화제의 표현과 교제를 완성할 수 있다. 좋은 담화 표현 능력과 언어를 융통성 있게 운용하는 능력을 갖추고 있다. 강연, 즉흥적인 발언이나 답변을 할 수 있으며, 자신의 견해와 사상을 충분히 적절하게 표현할 수 있으며, 발음이 정확하고, 억양이 자연스럽고, 표현이 유창하며 논리성이 강하다. 수사 수단을 적절히 활용해 구두 표현 효과를 높이고, 다문화 교제 능력을 구현할 수 있다.

3) 읽기

고급 언어 계량화 지표에 관련된 음절, 한자, 어휘를 정확하게 알고 있으며 읽을 수 있다. 본 급수의 화제 임무 내용과 관련된 각종 장르의 글을 읽고 이해할 수 있으며 읽기 속도가 220자/분보다 느리지 않다. 중국어의 사유와 표현 습관을 기본적으로 습득하고 있으며, 각종 읽기 기능을 능숙하게 파악하고, 글의 사상과 사회문화적 내포를 정확하게 이해하고, 글의 언어 문제, 논리적 결점 등을 발견할 수 있다.

4) 쓰기

고급 언어 계량화 지표에서 요구하는 한자를 손으로 쓸 수 있다. 길이가 긴 응용문, 설명문, 논설문과 전문논문 등을 쓸 수 있다. 관점이 명확하고 순서가 명확하고 어구가 통일되며 격식이 정확하고 표현이 적절하고 논리가 뚜렷하다. 비교적 풍부한 성어, 관용어와 다양한 수사법을 정확하게 운용할 수 있다.

5) 번역

기본적인 전문 번역 능력을 구비하고 본 급수의 화제 임무 내용을 번역할 수 있으며 내용이 완전하고 정확하다. 공식적인 장소에서의 순차 통역을 완성할 수 있으며 표현이 유창하고 중국어 표현 습관에 부합된다. 길이가 비교적 긴 응용문, 설명문, 논설문 등을 번역할 수 있으며, 번역문이 정확하고, 수사 수단과 언어 풍격이 원문에 충실하다.

3.3.3 신 HSK 9급 기준

언어 교제 능력: 좋은 듣기, 말하기, 읽기, 쓰기 능력과 전문 번역 능력을 갖추고 있다. 각종 기능을 종합적으로 사용하여 다양한 상황에서 다양한 화제에 대해 규범적이고 유창하며 적절한 사회 교류를 진행할 수 있다.

화제 임무 내용: 화제는 학술 연구, 정책 법규, 상업 무역, 국제사무 등을 포함한다. 이와 관련된 교제 임무를 완성할 수 있다. 예를 들면 공식적인 장소에 있는 비즈니스 협상에 참가할 수 있고 상대방과 교류하고 변론할 수 있다. 정책 법규, 연구 보고서 등 공식 문체의 글을 읽고 이해할 수 있고 충분히 적절하게 평론을 발표할 수 있다.

1) 듣기

9급의 화제 임무 내용에 관련되고 말의 속도가 정상적이거나 비교적 빠른 각종 언어 자료 (800

자 정도)를 알아들을 수 있다. 필요한 정보를 분석하고 추단하여 관련된 사회문화적 내포를 정확하게 이해할 수 있다.

2) 말하기

고급 언어 계량화 지표의 음절, 어휘, 문법을 운용할 수 있고 본 급수와 관련된 화제 표현과 교제 임무를 완성할 수 있다. 좋은 담화 표현 능력과 언어를 융통성 있게 사용하는 능력을 갖추고 있다. 완전하고 정확하고 유창하게 생각과 견해를 표현할 수 있으며 내용이 충실하고 논리가 엄밀하다. 발음이 정확하고 억양이 자연스러우며 수사 수단을 융통성 있게 사용하여 구두 표현 효과를 높이고 비교적 강한 다문화 교류 능력을 구현할 수 있다.

3) 읽기

고급 언어 계량화 지표와 관련된 음절, 한자, 어휘를 정확하게 알고 있으며 읽을 수 있다. 각종 제재와 장르의 글을 읽고 이해할 수 있으며 읽기 속도가 240자/분 이상이다. 중국어의 사유와 표현 습관을 능숙하게 파악하고 각종 읽기 기능을 종합적으로 운용하며 글의 사상과 사회문화적 내포를 깊이 있게 이해할 수 있다.

4) 쓰기

고급 언어 계량화 지표에서 요구하는 한자를 손으로 쓸 수 있다. 학위 논문 및 여러 문체의 작문을 완성할 수 있다. 관점이 명확하고 담화가 통하고 격식이 정확하고 표현이 적절하고 논리성이 강하다. 각종 복잡한 문장 형식을 정확하게 사용하고 여러 가지 수사법을 종합적으로 운용하여 근거가 있고 내용이 충실하고 문학적인 재능이 출중하다.

5) 번역하기

전문적 번역 능력을 갖추고 있고, 본 급의 화제 임무 내용을 능숙하게 번역할 수 있으며 내용이 완전하고 정확하다. 공식적인 장소에서 전문적인 내용에 대한 동시 통역 임무를 완성할 수 있으며 표현이 유창하다. 각종 문체의 글을 번역할 수 있으며 번역문이 통하고 격식이 정확하며 담화가 연관되고 수사 수단과 언어 풍격이 원문에 충실하다.

신 HSK 1급 필수 단어 500

	중국어	발음	한국어
1	爱	ài	사랑하다, ...하기를 좋아하다
2	爱好	ài hào	취미, 애호하다
3	八	bā	숫자 8
4	爸爸/爸	bà ba/bà	아빠, 아버지
5	吧	ba	하자, 해라, 하겠지
6	白	bái	하얗다, 흰색. 백색
7	白天	bái tiān	낮
8	百	bǎi	100, 백
9	班	bān	반, 단체. 그룹, 근무. 근무 시간
10	半	bàn	절반
11	半年	bàn nián	반년
12	半天	bàn tiān	반일
13	帮	bāng	돕다, 삯일을 하다
14	帮忙	bāng máng	돕다, 도와 주다.
15	包	bāo	싸다/(명)가방
16	包子	bāo zi	만두
17	杯	bēi	잔
18	杯子	bēi zi	잔, 컵
19	北	běi	북
20	北边	běi bian	북쪽
21	北京	běi jīng	북경, 베이징
22	本	běn	책의 양사, 권
23	本子	běn zi	노트, 공책
24	比	bǐ	~보다, 비교하다.
25	别	bié	이별하다,~하지 마
26	别的	bié de	다른/다른 것
27	别人	bié ren	남, 타인
28	病	bìng	병
29	病人	bìng	환자

15

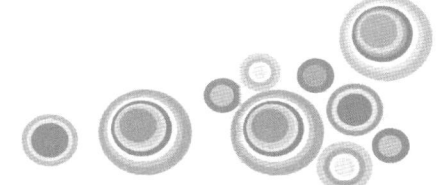

30	不大	bú dà	크지 않다, 별로~하지 않다.
31	不对	bú duì	맞지 않다, 틀리다.
32	不客气	bú kè qi	천만에요
33	不用	bú yòng	쓰지 않다/할 필요가 없다
34	不	bù	아니다, 안 하다~
35	菜	cài	요리
36	茶	chá	차, 차나무.
37	差	chà	차이가 나다, ~전
38	常	cháng	늘, 항상, 자주
39	常常	cháng cháng	자주
40	唱	chàng	(노래를) 부르다
41	唱歌	chàng gē	노래를 부르다
42	车	chē	차
43	车票	chē piào	차표, 승차권
44	车上	chē shàng	차 위에, 차에서
45	车站	chē zhàn	정류장
46	吃	chī	먹다, 마시다. 피우다
47	吃饭	chī fàn	밥을 먹다, 식사하다.
48	出	chū	나가다, 나오다
49	出来	chū lái	나오다
50	出去	chū qù	나가다
51	穿	chuān	입다, 신다
52	床	chuáng	침대
53	次	cì	순서. 차례
54	从	cóng	좇다….을 따르다, 순종하다. 말을 듣다
55	错	cuò	틀리다, 잘 못하다.
56	打	dǎ	때리다, 깨뜨리다. 부수다
57	打车	dǎ chē	택시를 타다.
58	打电话	dǎ diàn huà	전화하다, 전화를 걸다.
59	打开	dǎ kāi	열다, 켜다.
60	打球	dǎ qiú	공을 치다.
61	大	dà	크다, (수량이) 많다
62	大学	dà xué	대학, 대학교
63	大学生	dà xué shēng	대학생
64	到	dào	도착하다, ~까지

65	得到	dé dào	얻다/받다
66	地	de	구조조사
67	的	de	의, (한정어와 중심어의 관계가
68	等	děng	등급, 종류
69	地	dì	땅, 지구, 토지
70	地点	dì diǎn	장소, 지방
71	地方	dì fang	곳, 장소
72	地上	dì shàng	지상, 토지, 땅 위에
73	地图	dì tú	지도
74	弟弟/弟	dì di/dì	남동생
75	第（第二）	dì（dì-èr）	제(제 2 번)
76	点	diǎn	주문하다,~시
77	电	diàn	전기
78	电话	diàn huà	전화
79	电脑	diàn nǎo	컴퓨터
80	电视	diàn shì	텔레비전
81	电视机	diàn shì jī	텔레비전
82	电影	diàn yǐng	영화
83	电影院	diàn yǐng yuàn	영화관
84	东	dōng	동쪽
85	东边	dōng bian	동쪽
86	东西	dōng xi	물건
87	动	dòng	움직이다, 행동하다
88	动作	dòng zuò	동작, 행동, 움직이다
89	都	dōu	모두, 다
90	读	dú	읽다, 낭독하다. 소리 내어 읽다.
91	读书	dú shū	책을 읽다, 독서하다.
92	对	duì	대답하다. 응답하다
93	对不起	duì bu qǐ	미안합니다
94	多	duō	많다, 여분이 있다
95	多少	duō shao	얼마, 몇
96	饿	è	배고프다, 굶(기)다, 굶주리다.
97	儿子	ér zi	아들
98	二	èr	이, 둘
99	饭	fàn	밥, 식사

100	饭店	fàn diàn	식당, 레스토랑
101	房间	fáng jiān	방
102	房子	fáng zi	집, 건물
103	放	fàng	놓다, (학교나 직장이) 파하다, 놀다, 쉬다
104	放假	fàng jià	휴가로 쉬다. 방학하다
105	放学	fàng xué	방학하다, 학교가 쉬게 되다
106	飞	fēi	(곤충·새 따위가) 날다, 비행하다
107	飞机	fēi jī	비행기
108	非常	fēi cháng	매우, 아주, 되게
109	分	fēn	나누다. 가르다. 분류하다, 분배하다.
110	风	fēng	바람
111	干	gān	옛날의 방패, 범하다. 건드리다
112	干净	gān jìng	깨끗하다, 깔끔하다
113	干	gàn	사물의 주체 또는 중요한 부분. 줄기
114	干什么	gàn shén me	무엇을 하는가?, 어째서. 왜
115	高	gāo	높다, 키가 크다
116	高兴	gāo xìng	기쁘다, 즐겁다
117	告诉	gào su	알려 주다, 알리다, 말하다
118	哥哥/哥	gē ge/gē	오빠, 형
119	歌	gē	노래
120	个	gè	(양사) 개, 명
121	给	gěi	~에게 주다
122	跟	gēn	~와/과, 랑, 하고
123	工人	gōng rén	노동자
124	工作	gōng zuò	일하다, 직업, 노동하다, 작동하다
125	关	guān	닫다, 끄다
126	关上	guān shàng	닫다/끄다
127	贵	guì	비싸다
128	国	guó	국가, 나라
129	国家	guó jiā	국가, 나라
130	国外	guó wài	국외, 해외
131	过	guo	~한 적이 있다
132	还	hái	아직, 더
133	还是	hái shi	여전히/(접)아니면
134	还有	hái yǒu	그리고, 또한, 아울어

135	孩子	hái zi	아이, 애기
136	汉语	hàn yǔ	중국어
137	汉字	hàn zì	한자
138	好	hǎo	좋다, 훌륭하다, 선량하다
139	好吃	hǎo chī	맛있다
140	好看	hǎo kàn	예쁘다, 아름답다
141	好听	hǎo tīng	듣기 좋다
142	好玩儿	hǎo wán er	재미있다, 놀기가 좋다
143	号	hào	호, (날짜) 일
144	喝	hē	마시다, 크게 외치다
145	和	hé	~와/과, 랑, 하고
146	很	hěn	매우, 대단히, 아주
147	后	hòu	(시간상으로) 뒤. 후. 다음. 장래. 나중, 뒤. 후
148	后边	hòu bian	뒤쪽, 뒤에
149	后天	hòu tiān	모레, 후천(적)
150	花	huā	쓰다/(명)꽃
151	话	huà	말, 말하다, 이야기하다
152	坏	huài	나쁘다, 악하다, 썩게 하다.
153	还	huán	돌려주다, (원상태로) 되돌아가다
154	回	huí	에돌다. 선회하다, (원위치로) 되돌아오다
155	回答	huí dá	대답하다, 회답하다
156	回到	huí dào	되돌아가다
157	回家	huí jiā	집으로 돌아가다, 귀가하다
158	回来	huí lái	돌아오다, 원래 상태로 되다
159	回去	huí qù	돌아가다, 집으로 돌아가다
160	会	huì	할 줄 알다, 할 수 있다
161	火车	huǒ chē	기차, 열차
162	机场	jī chǎng	공항
163	机票	jī piào	비행기표, 비행기 탑승권
164	鸡蛋	jī dàn	계란,달걀
165	几	jǐ	(10 이하) 몇
166	记	jì	적다/기록하다/ 기억하다
167	记得	jì de	기억하고 있다
168	记住	jì zhù	확실히 기억해 두다
169	家	jiā	집

170	家里	jiā lǐ	집안, 집안에
171	家人	jiā rén	가족, 식구
172	间	jiān	간, 사이
173	见	jiàn	보다, 뵙다
174	见面	jiàn miàn	만나다, 대면하다
175	教	jiāo	가르치다
176	叫	jiào	외치다. 고함치다, 짖다
177	教学楼	jiào xué lóu	강의동, 강의실 건물.
178	姐姐/姐	jiě jie/jiě	누나, 언니
179	介绍	jiè shào	소개하다, 중매하다
180	今年	jīn nián	금년, 올해
181	今天	jīn tiān	오늘
182	进	jìn	나아가다. 전진하다, 들어가다.
183	进来	jìn lái	들어오다
184	进去	jìn qù	들어가다
185	九	jiǔ	9, 아홉
186	就	jiù	곧, 즉시, 바로
187	觉得	jué de	생각하다, 느낌하다
188	开	kāi	열다, 켜다
189	开车	kāi chē	운전하다
190	开会	kāi huì	회의하다, 개회하다
191	开玩笑	kāi wán xiào	농담하다, 장난하다
192	看	kàn	보다, 구경하다, (눈으로만) 읽다
193	看病	kàn bìng	문병하다/진료받다
194	看到	kàn dào	보다/눈이 닿다
195	看见	kàn jiàn	보이다, 눈에 띠다
196	考	kǎo	시험하다/테스트하다/검사[점검]하다
197	考试	kǎo shì	시험, 테스트
198	渴	kě	목마르다
199	课	kè	수업
200	课本	kè běn	교과서, 교재
201	课文	kè wén	본문
202	口	kǒu	입/식구
203	块	kuài	조각, 덩이, 위안
204	快	kuài	빠르다/영민하다, 민감하다.

205	来	lái	오다
206	来到	lái dào	오다/도착하다
207	老	lǎo	늙다. 나이 먹다
208	老人	lǎo rén	노인/노친, 늙은 부모
209	老师	lǎo shī	선생님, 은사. 스승
210	了	le	과거형
211	累	lèi	피곤하다, 힘들다
212	冷	lěng	춥다, 차다, 시리다
213	里	lǐ	안, 안에
214	里边	lǐ bian	안쪽
215	两	liǎng	둘, 양쪽.
216	零/0	líng/ líng	0, 영
217	六	liù	6, 육, 여섯
218	楼	lóu	건물, 층
219	楼上	lóu shàng	위층
220	楼下	lóu xià	아래층
221	路	lù	길, 도로, 노선
222	路口	lù kǒu	길목, 갈림길, 길거리
223	路上	lù shàng	도중, 노
224	妈妈/妈	mā ma/mā	엄마, 어머님
225	马路	mǎ lù	공로, 자동차 도로
226	马上	mǎ shàng	곧, 즉시, 바로
227	吗	ma	의문사
228	买	mǎi	사다, 구입하다
229	慢	màn	느리다, 태도가 쌀쌀하다
230	忙	máng	바쁘다, 서두르다. 서둘러 …하다
231	毛	máo	털
232	没	méi	없다,~안 했다
233	没关系	méi guān xi	괜찮다
234	没什么	méi shén me	별 것 아니다
235	没事儿	méi shì er	무사하다, 괜찮다, 상관없다
236	没有	méi yǒu	없다, 아직 …않다
237	妹妹/妹	mèi mei/mèi	여동생
238	门	mén	문, 게이트
239	门口	mén kǒu	입구, 현관

240	门票	mén piào	입장권, 입장료
241	们（朋友们）	men	~들(친구들)
242	米饭	mǐ fàn	쌀밥, 공기밥
243	面包	miàn bāo	빵, 식빵
244	面条儿	miàn tiáo er	국수, 면발
245	名字	míng zi	이름, 성명
246	明白	míng bai	명백하다, 알다
247	明年	míng nián	내년, 다음 해
248	明天	míng tiān	내일
249	拿	ná	잡다, 쥐다, 가지다, 완력으로 제압하다
250	哪	nǎ	어느, 어디
251	哪里	nǎ lǐ	어디
252	哪儿	nǎ er	어디
253	哪些	nǎ xiē	어느
254	那	nà	그, 저
255	那边	nà biān	그쪽, 저쪽
256	那里	nà lǐ	그곳, 저곳
257	那儿	nà er	그곳, 저곳
258	那些	nà xiē	그것들, 저것들
259	奶	nǎi	젖. 유방
260	奶奶	nǎi nai	할머니
261	男	nán	남, 남성
262	男孩	nán hái	사내아이, 남자아이
263	男朋友	nán péng yǒu	남자친구
264	男人	nán rén	남자
265	男生	nán shēng	남학생
266	南	nán	남쪽
267	南边	nán bian	남쪽
268	难	nán	어렵다, 곤란하다
269	呢	ne	~는?, 의문 조사와 결합하여 사용됨
270	能	néng	~할 수 있다
271	你	nǐ	너, 당신
272	你们	nǐ men	당신들
273	年	nián	년, 해
274	您	nín	당신

275	牛奶	niú nǎi	우유
276	女	nǚ	여, 여성
277	女儿	nǚ ér	딸
278	女孩儿	nǚ hái ér	여자 아이, 소녀
279	女朋友	nǚ péng yǒu	여자친구
280	女人	nǚ rén	여자
281	女生	nǚ shēng	여학생
282	旁边	páng biān	옆쪽
283	跑	pǎo	달리다, 뛰다, 도망하다
284	朋友	péng you	친구, 벗
285	票	piào	표, 지폐, 증서
286	七	qī	7, 일곱, 칠
287	起	qǐ	일어서다, 일어나다
288	起床	qǐ chuáng	일어나다
289	起来	qǐ lái	일어나다
290	汽车	qì chē	차, 자동차
291	前	qián	앞
292	前边	qián bian	앞쪽
293	前天	qián tiān	그저께
294	钱	qián	돈, 동전. 엽전
295	钱包	qián bāo	지갑
296	请	qǐng	~하세요
297	请假	qǐng jià	휴가를 신청하다, 휴가를 내다
298	请进	qǐng jìn	어서 오세요
299	请问	qǐng wèn	잠깐 여쭙겠습니다
300	请坐	qǐng zuò	앉으세요
301	球	qiú	볼, 공
302	去	qù	가다, 떠나다, 잃어버리다, 놓치다
303	去年	qù nián	작년, 지난 해
304	热	rè	덥다, 뜨겁다
305	人	rén	사람, 인간
306	认识	rèn shi	(사람.글자) 알다
307	认真	rèn zhēn	진지하다, 성실하다
308	日	rì	날, 일
309	日期	rì qī	날짜, 기간

310	肉	ròu	고기, 과실의 살
311	三	sān	3, 삼, 셋
312	山	shān	산, 산과 같은 모양을 한 것
313	商场	shāng chǎng	백화점, 시장, 상가
314	商店	shāng diàn	상점
315	上	shàng	위, 황제. 임금
316	上班	shàng bān	출근하다, 당번 근무를 하다
317	上边	shàng bian	위쪽
318	上车	shàng chē	차를 타다
319	上次	shàng cì	지난번
320	上课	shàng kè	수업하다
321	上网	shàng wǎng	인터넷을 하다, 인터넷[네트워크]에 접속하다
322	上午	shàng wǔ	오전
323	上学	shàng xué	학교에 가다, 등교하다, 입학하다
324	少	shǎo	적다, 부족하다, 모자라다
325	谁	shéi	누구, 아무
326	身上	shēn shang	신상, 몸에
327	身体	shēn tǐ	신체, 건강, 몸
328	什么	shén me	의문을 나타냄, 어떤. 무슨. 어느
329	生病	shēng bìng	아프다, 병이 나다, 발병하다
330	生气	shēng qì	화내다, 성내다/생기, 생명력
331	生日	shēng ri	생일
332	十	shí	10, 열, 십
333	时候	shí hou	때, 기간, 동안
334	时间	shí jiān	시간, 어떤 시각과 시각의 사이
335	事	shì	일, 사고. 사건
336	试	shì	시험하다, 시험 삼아 해 보다
337	是	shì	이다
338	是不是	shì bú shì	그렇지 않으냐?
339	手	shǒu	손
340	手机	shǒu jī	휴대폰, 스마트폰
341	书	shū	책, 쓰다, 기록하다, 기재하다
342	书包	shū bāo	책가방
343	书店	shū diàn	서점
344	树	shù	나무

345	水	shuǐ	물
346	水果	shuǐ guǒ	과일
347	睡	shuì	자다, 눕다, 잠. 수면
348	睡觉	shuì jiào	잠을 자다
349	说	shuō	말하다, 이야기하다, 설명하다. 해설하다
350	说话	shuō huà	말하다, 이야기하다, 설명하다. 해설하다
351	四	sì	4, 사, 넷
352	送	sòng	주다, 보내다, 선물로 주다
353	岁	suì	(연령) 살, 세
354	他	tā	그, 그 사람
355	他们	tā men	그들, 그 사람들
356	她	tā	그녀, 그 여자
357	她们	tā men	그녀들, 그 여자들
358	太	tài	너무, 아주, 매우
359	天	tiān	하늘, 꼭대기 부분, 몹시, 대단히
360	天气	tiān qì	날씨
361	听	tīng	듣다, 받아들이다
362	听到	tīng dào	들리다, 귀에 들어오다
363	听见	tīng jiàn	들리다, 귀에 들어오다
364	听写	tīng xiě	받아쓰기
365	同学	tóng xué	동창, 학우, 동급생
366	图书馆	tú shū guǎn	도서관
367	外	wài	밖, 바깥, 곁
368	外边	wài bian	밖에
369	外国	wài guó	외국, 해외
370	外语	wài yǔ	외국어
371	玩儿	wán er	놀다
372	晚	wǎn	늦다, 밤
373	晚饭	wǎn fàn	저녁밥
374	晚上	wǎn shang	저녁, 밤
375	网上	wǎng shàng	온라인, 인터넷
376	网友	wǎng yǒu	네티즌, 인터넷 동호인
377	忘	wàng	잊다, 망각하다
378	忘记	wàng jì	잊어 버리다
379	问	wèn	묻다, 질문하다, 안부를 묻다

380	我	wǒ	나, 저
381	我们	wǒ men	우리(들), 저희
382	五	wǔ	5, 다섯
383	午饭	wǔ fàn	점심
384	西	xī	서쪽
385	西边	xī bian	서쪽
386	洗	xǐ	씻다, 누명이나 수치를 씻다
387	洗手间	xǐ shǒu jiān	화장실, 측간. 변소
388	喜欢	xǐ huan	좋아하다, 호감을 가지다. 마음에 들다
389	下	xià	아래, 밑, 나중, 다음
390	下班	xià bān	퇴근, (규정된) 근무 시간이 끝나다
391	下边	xià bian	아래쪽, 밑에
392	下车	xià chē	하차하다, 차에서 내리다
393	下次	xià cì	다음 번
394	下课	xià kè	수업이 끝나다, 수업을 마치다
395	下午	xià wǔ	오후
396	下雨	xià yǔ	비가 내리다, 비가 오다
397	先	xiān	먼저, 일단, 우선
398	先生	xiān sheng	미스터, ~씨
399	现在	xiàn zài	지금, 현재
400	想	xiǎng	생각하다, 추측하다. 예상하다
401	小	xiǎo	작다, 약간. 조금
402	小孩儿	xiǎo hái ér	애, 아동, 꼬마, 어린애
403	小姐	xiǎo jiě	아가씨
404	小朋友	xiǎo péng yǒu	꼬맹이, 꼬마 친구
405	小时	xiǎo shí	시간
406	小学	xiǎo xué	초등학교
407	小学生	xiǎo xué shēng	초등학생
408	笑	xiào	웃다, 비웃다. 조소하다
409	写	xiě	(글씨를) 쓰다, 적다
410	谢谢	xiè xie	감사하다, 고맙다
411	新	xīn	새롭다, 사용하지 않은
412	新年	xīn nián	새해, 신년
413	星期	xīng qī	요일, 주
414	星期日	xīng qí rì	일요일

번호	한자	병음	뜻
415	星期天	xīng qí tiān	일요일
416	行	xíng	좋다, 괜찮다
417	休息	xiū xi	쉬다, 휴양하다, 휴가
418	学	xué	배우다, 공부하다
419	学生	xué sheng	학생
420	学习	xué xí	공부하다, 배우다
421	学校	xué xiào	학교
422	学院	xué yuàn	학원
423	要	yào	~하려고 하다/중요하다/요구하다
424	爷爷	yé ye	할아버지
425	也	yě	~도, 그리고 또. 게다가
426	页	yè	면, 쪽, 페이지
427	一	yī	1, 일, 하나
428	衣服	yī fu	옷, 의복
429	医生	yī shēng	의사
430	医院	yī yuàn	병원
431	一半	yí bàn	반, 절반
432	一会儿	yí huì r	잠시동안, 잠깐
433	一块儿	yí kuài er	같이, 함께, 동일한 장소. 같은 곳
434	一下儿	yí xià er	금새, 금방/한번 ...하다
435	一样	yí yàng	같다, 똑 같다
436	一边	yì biān	~하면서~하다/한쪽, 한편
437	一点儿	yì diǎn er	조금
438	一起	yì qǐ	함께, 같이
439	一些	yì xiē	약간, 조금. 얼마간/여러 번
440	用	yòng	사용하다, 쓰다
441	有	yǒu	있다, 가지고 있다. 소유하다
442	有的	yǒu de	어떤 것
443	有名	yǒu míng	유명하다, 정당한 이유가 있다
444	有时候	yǒu shí hòu	가끔씩, 언젠가는
445	有（一）些	yǒu（yì）xiē	약간, 여러 번. 여러 가지
446	有用	yǒu yòng	쓸모가 있다
447	右	yòu	오른쪽
448	右边	yòu bian	오른쪽
449	雨	yǔ	비

450	元	yuán	위안
451	远	yuǎn	멀다, 오래다, 멀리하다
452	月	yuè	월, 달
453	再	zài	다시, 두 번. 두 번째
454	再见	zài jiàn	또 봬요, 안녕
455	在	zài	~에 있다, 에서
456	在家	zài jiā	집에 있다, 속세를 떠나지 않다
457	早	zǎo	일찍, 오래전에
458	早饭	zǎo fàn	아침밥
459	早上	zǎo shang	아침
460	怎么	zěn me	어떻게
461	站	zhàn	서다/(명)정거장
462	找	zhǎo	찾다, 구하다. 물색하다
463	找到	zhǎo dào	찾다
464	这	zhè	이, 이것
465	这边	zhè biān	이쪽
466	这里	zhè lǐ	여기
467	这儿	zhè er	여기
468	这些	zhè xiē	이런 것들
469	着	zhe	조사/...하고 있다
470	真	zhēn	진짜, 정말
471	真的	zhēn de	참으로, 정말로
472	正	zhèng	마침 / 바르다.
473	正在	zhèng zài	~하고 있다
474	知道	zhī dào	알다, 이해하다
475	知识	zhī shi	지식
476	中	zhōng	한가운데, 중심, 중앙.
477	中国	zhōng guó	중국
478	中间	zhōng jiān	중간, 가운데
479	中文	zhōng wén	중국어
480	中午	zhōng wǔ	정오,점심
481	中学	zhōng xué	중학교
482	中学生	zhōng xué shēng	중학생
483	重	zhòng	무겁다, 무게. 중량
484	重要	zhòng yào	중요하다

485	住	zhù	살다, 거주하다, 숙박하다, 머무르다
486	准备	zhǔn bèi	준비하다
487	桌子	zhuō zi	탁자. 테이블
488	字	zì	글자
489	子（桌子）	zǐ（zhuō zi）	자(탁자)
490	走	zǒu	걷다, 뛰(어가)다
491	走路	zǒu lù	걷다, 뛰(어가)다
492	最	zuì	가장, 제일
493	最好	zuì hǎo	제일 좋기는,~하는 게 제일 좋다
494	最后	zuì hòu	최후, 맨 마지막
495	昨天	zuó tiān	어제
496	左	zuǒ	왼쪽
497	左边	zuǒ bian	왼쪽
498	坐	zuò	앉다/자리. 좌석
499	坐下	zuò xià	앉다
500	做	zuò	제조하다. 만들다,(글을) 짓다

신 HSK 2급 필수 단어 772

	중국어	발음	한국어
1	啊	a	감탄사
2	爱情	ài qíng	사랑, 애정
3	爱人	ài rén	애인, 남편 또는 아내
4	安静	ān jìng	조용하다, 고요하다, 평안하다
5	安全	ān quán	안전하다
6	白色	bái sè	흰색, 하얀색
7	班长	bān zhǎng	반장, 급장. 조장
8	办	bàn	~하다, 처리하다, 취급하다, 경영하다
9	办法	bàn fǎ	방법, 수단, 방식
10	办公室	bàn gōng shì	사무실
11	半夜	bàn yè	심야, 한밤중, 반밤
12	帮助	bāng zhù	돕다, 원조하다. 보좌하다
13	饱	bǎo	배부르다, 속이 꽉 차다. 옹골지다
14	报名	bào míng	신청하다, 접수하다
15	报纸	bào zhǐ	신문, 신문지
16	北方	běi fāng	북방, 북쪽
17	背	bèi	등. / 외우다. 암기하다.
18	比如	bǐ rú	예를 들다, 예컨대
19	比如说	bǐ rú shuō	예를 들다, 예컨대
20	笔	bǐ	펜, 붓
21	笔记	bǐ jì	필기, 노트
22	笔记本	bǐ jì běn	노트, 수첩, 노트북
23	必须	bì xū	반드시, 틀림없이, 꼭
24	边	biān	쪽, 면
25	变	biàn	변하다, 변화하다
26	变成	biàn chéng	변하여 ...이 되다. ...로 변화하다
27	遍	biàn	두루 퍼지다. 널리...하다. 보편적으로 ...하다
28	表	biǎo	시계, 겉. 표면
29	表示	biǎo shì	나타내다, 가리키다, 의미하다
30	不错	bú cuò	괜찮다, 나쁘지 않다

31	不但	bú dàn	~뿐만 아니라
32	不够	bú gòu	모자라다, 부족하다
33	不过	bú guò	그러나, 하지만
34	不太	bú tài	그다지 하지 않다, 별로 하지 않다.
35	不要	bú yào	됐다. 싫다, 요구하지 않다/ …하지 마
36	不好意思	bù hǎo yì si	부끄럽다, 쑥스럽다. 창피스럽다
37	不久	bù jiǔ	머지않아, 곧
38	不满	bù mǎn	불만이 있다.
39	不如	bù rú	~만 못하다, ~하는 편이 낫다
40	不少	bù shǎo	적지 않다
41	不同	bù tóng	다르다, 같지 않다
42	不行	bù xíng	안 된다, 쓸모없다. 적당하지 않다
43	不一定	bù yí dìng	반드시 하는 것은 아니다
44	不一会儿	bù yí huì er	곧, 이윽고
45	部分	bù fen	부분
46	才	cái	겨우, 비로소
47	菜单	cài dān	메뉴, 식단
48	参观	cān guān	참관하다, 잘 보다
49	参加	cān jiā	참가하다, 참석하다
50	草	cǎo	풀, 짚
51	草地	cǎo dì	잔디(밭). 초지. 초원
52	层	céng	층
53	查	chá	검사하다, 조사하다
54	差不多	chà bu duō	비슷하다, 대충[그럭저럭] 되다
55	长	cháng/zhǎng	길다/자라다
56	常见	cháng jiàn	자주 보다, 흔히 있다
57	常用	cháng yòng	자주 쓰다, 일상적으로 사용하다
58	场	chǎng	장소, 무대, 번, 차례
59	超过	chāo guò	초과하다, 추월하다
60	超市	chāo shì	슈퍼마켓, 마트
61	车辆	chē liàng	차량
62	称	chēng	칭하다. 부르다.
63	成	chéng	~으로 되다, 이루다, 완성하다
64	成绩	chéng jì	성적
65	成为	chéng wéi	~이 되다
66	重复	chóng fù	(같은 일을) 중복하다, 반복하다

67	重新	chóng xīn	다시, 새로
68	出发	chū fā	출발하다, ...을 출발점으로 삼다
69	出国	chū guó	출국하다
70	出口	chū kǒu	출구, 수출하다.
71	出门	chū mén	외출하다, 집을 떠나 멀리 가다
72	出生	chū shēng	태어나다
73	出现	chū xiàn	출현하다, 나타나다
74	出院	chū yuàn	퇴원하다
75	出租	chū zū	세주다, 세를 놓다
76	出租车	chū zū chē	택시
77	船	chuán	배, 선박
78	吹	chuī	불다, 입으로 힘껏 불다
79	春节	chūn jié	설날
80	春天	chūn tiān	봄
81	词	cí	사, 단어, 말
82	词典	cí diǎn	사전
83	词语	cí yǔ	단어
84	从小	cóng xiǎo	어릴 때부터
85	答应	dā ying	동의하다. 응답하다. 허락하다.
86	打工	dǎ gōng	일하다. 아르바이트하다.
87	打算	dǎ suan	~할 계획이다,~하려고 하다
88	打印	dǎ yìn	프린트하다
89	大部分	dà bù fèn	대부분
90	大大	dà dà	크게
91	大多数	dà duō shù	대다수, 대부분
92	大海	dà hǎi	바다, 대해
93	大家	dà jiā	여러분
94	大量	dà liàng	대량
95	大门	dà mén	대문
96	大人	dà rén	성인, 어르신네
97	大声	dà shēng	큰 소리
98	大小	dà xiǎo	크기/어른과 아이
99	大衣	dà yī	외투, 오버코트
100	大自然	dà zì rán	대자연
101	带	dài	지니다/(명)띠
102	带来	dài lái	가져오다

103	单位	dān wèi	회사, 직장, 기관, 단위
104	但	dàn	다만. 오직, 그렇지만
105	但是	dàn shì	다만. 오직. 그렇지만
106	蛋	dàn	계란, 달걀
107	当	dāng	되다, 맡다, 적당하다.
108	当时	dāng shí	당시, 그 때
109	倒	dǎo	넘어지다
110	到处	dào chù	도처에, 곳곳에
111	倒	dào	붓다/넘어지다, 자빠지다
112	道	dào	도, 길
113	道理	dào lǐ	도리, 이치
114	道路	dào lù	도로, 길
115	得	dé	얻다, 획득하다
116	得出	dé chū	을 얻어 내다
117	的话	de huà	하다면, (으)면
118	得	de	구조조사
119	灯	dēng	등불, 전등
120	等	děng	등등, 기다리다
121	等到	děng dào	…때에는, (…까지) 기다리다.
123	等于	děng yú	(수량이) ~와(과) 같다.
124	低	dī	낮다, (머리를) 숙이다
125	地球	dì qiú	지구
126	地铁	dì tiě	지하철
127	地铁站	dì tiě zhàn	지하철 역
128	点头	diǎn tóu	머리를 끄덕이다
129	店	diàn	상점, 가게
130	掉	diào	떨어지다, 뒤에 처지다
131	东北	dōng běi	동북간의 방향;
132	东方	dōng fāng	동방, 동양. 아시아
133	东南	dōng nán	방남
134	冬天	dōng tiān	겨울
135	懂	dǒng	알다, 이해하다
136	懂得	dǒng dé	알다
137	动物	dòng wù	동물
138	动物园	dòng wù yuán	동물원
139	读音	dú yīn	발음

140	度	dù	도, 길이/(온도·밀도·농도 따위의) 단위
141	短	duǎn	짧다, (키가) 작다
142	短信	duǎn xìn	메시지, 문자
143	段	duàn	단락, 토막
144	队	duì	팀, 열. 대열
145	队长	duì zhǎng	팀장, 리더
146	对	duì	맞다, 대하다
147	对话	duì huà	대화하다, 마주 보며 이야기하다
148	对面	duì miàn	맞은편, 반대편
149	多	duō	많다, 여분이 있다
150	多久	duō jiǔ	얼마 동안
151	多么	duō me	얼마나
152	多数	duō shù	다수, 과반수
153	多云	duō yún	구름이 많다
154	而且	ér qiě	게다가, 아울러, 또한, 그리고
155	发	fā	보내다, 발사하다, 쏘다
156	发现	fā xiàn	발견하다
157	饭馆	fàn guǎn	식당
158	方便	fāng biàn	편리하다, 남에게 이롭다
159	方便面	fāng biàn miàn	라면
160	方法	fāng fǎ	방법, 수단
161	方面	fāng miàn	방면, 쪽, 분야
162	方向	fāng xiàng	방향
163	放下	fàng xià	내려놓다, 내버리다
164	放心	fàng xīn	안심하다, 마음을 놓다
165	分	fēn	나누다, 분배하다
166	分开	fēn kāi	갈라지다, 나누다, 헤어지다
167	分数	fēn shù	점수
168	分钟	fēn zhōng	(시간) 분
169	份	fèn	부 (양사)
170	封	fēng	봉하다, 막다. 밀폐하다
171	服务	fú wù	서비스
172	复习	fù xí	복습하다
173	该	gāi	해야 하다, …의 차례다
174	改	gǎi	고치다, 변하다. 바뀌다
175	改变	gǎi biàn	변하다 , 바뀌다. 달라지다

176	干杯	gān bēi	건배하다
177	感到	gǎn dào	느끼다, 생각하다. 여기다
178	感动	gǎn dòng	감동하다
179	感觉	gǎn jué	감각, 느낌
180	感谢	gǎn xiè	감사하다, 고맙다
181	干活儿	gàn huó r	일하다.
182	刚	gāng	강하다, 단단하다/지금, 막
183	刚才	gāng cái	방금, 아까, 막
184	刚刚	gāng gāng	막, 방금, 아까
185	高级	gāo jí	고급, 상급
186	高中	gāo zhōng	고등학교
187	个子	gè zi	키
188	更	gèng	더욱, 더
189	公共汽车	gōng gòng qì chē	버스
190	公交车	gōng jiāo chē	버스
191	公斤	gōng jīn	킬로그램(kg)
192	公里	gōng lǐ	킬로미터
193	公路	gōng lù	공로, 도로
194	公平	gōng píng	공평하다, 평등하다
195	公司	gōng sī	회사
196	公园	gōng yuán	공원
197	狗	gǒu	(동물) 개
198	够	gòu	충분하다/이르다, 도달하다
199	故事	gù shi	이야기
200	故意	gù yì	일부러, 고의로
201	顾客	gù kè	고객, 손님
202	关机	guān jī	전원을 끄다, 영화 촬영을 끝마치다.
203	关心	guān xīn	관심을 갖다, 관심을 기울이다
204	观点	guān diǎn	관점, 견해, 의견
205	广场	guǎng chǎng	광장
206	广告	guǎng gào	광고
207	国际	guó jì	국제, 국제적
208	过来	guò lái	오다
209	过年	guò nián	새해를 맞다/내년
210	过去	guò qù	과거/(동)지나가다
211	过	guo	~한 적이 있다

212	海	hǎi	바다
213	海边	hǎi biān	해변, 바닷가
214	喊	hǎn	소리치다, 외치다.
215	好	hǎo	좋다, 훌륭하다
216	好处	hǎo chu	이익, 이로운 점
217	好多	hǎo duō	대단히[꽤] 많은
218	好久	hǎo jiǔ	오랫동안
219	好人	hǎo rén	좋은 사람
220	好事	hǎo shì	좋은 일
221	好像	hǎo xiàng	마치~인 것 같다,~처럼
222	合适	hé shì	맞다, 적합하다, 어울리다
223	河	hé	강, 하천
224	黑	hēi	검다, 어둡다
225	黑板	hēi bǎn	칠판
226	黑色	hēi sè	검은색
227	红	hóng	다홍. 주홍
228	红色	hóng sè	붉은 빛깔. 빨강. 적색
229	后来	hòu lái	나중에, 이후
230	忽然	hū rán	갑자기, 문득
231	湖	hú	호수
232	护照	hù zhào	여권
233	花	huā	(돈,시간을) 쓰다/(명)꽃
234	花园	huā yuán	화원
235	画	huà	그리다/그림
236	画家	huà jiā	화가
237	画儿	huà er	그림, 화
238	坏处	huài chu	나쁜 점, 해로운 점
239	坏人	huài rén	나쁜 사람, 악인. 악당
240	欢迎	huān yíng	환영하다, 매우 즐겁게 영접하다
241	换	huàn	교환하다, 바꾸다, 갈다
242	黄	huáng	황색. 노란색
243	黄色	huáng sè	황색. 노란색
244	回	huí	에돌다. 선회하다, 되돌아오다. 되돌아가다
245	回国	huí guó	귀국하다
246	会	huì	할 줄 알다
247	活动	huó dòng	움직이다, 운동하다, 활동

248	或	huò	혹시, 아마, 어쩌면
249	或者	huò zhě	아니면, 또는, 혹은
250	机会	jī huì	기회
251	鸡	jī	닭
252	级	jí	단/층/등급
253	急	jí	급하다, 초조해 하다, 성급하다
254	计划	jì huà	계획
255	计算机	jì suàn jī	계산기/컴퓨터
256	加	jiā	더하다, 추가하다
257	加油	jiā yóu	급유하다, 힘을 내다, 화이팅하다
258	家（科学家）	jiā	자(과학자)
259	家庭	jiā tíng	가정
260	家长	jiā zhǎng	가장, 세대주, 학부형
261	假	jiǎ	가짜, 거짓으로
262	假期	jià qī	휴가 기간
263	检查	jiǎn chá	검사하다, 조사하다
264	见到	jiàn dào	만나다, 뵙다
265	见过	jiàn guo	만난 적이 있다, 비난하다, 타박하다
266	件	jiàn	(양사) 벌
267	健康	jiàn kāng	건강하다, 건전하다
268	讲	jiǎng	말하다, 이야기하다, 설명하다, 해석하다
269	讲话	jiǎng huà	설명하다, 해석하다, 말하다
270	交	jiāo	주다, 내다, 제출하다, 사귀다
271	交给	jiāo gěi	교부하다, 건네주다, 맡기다
272	交朋友	jiāo péng yǒu	친구를 사귀다
273	交通	jiāo tōng	교통
274	角	jiǎo	뿔, 각
275	角度	jiǎo dù	각도, 사물을 보거나 생각하는 출발점
276	饺子	jiǎo zi	교자, 만두
277	脚	jiǎo	발
278	叫作	jiào zuò	~라고 하다, ~라고 부르다
279	教师	jiào shī	교사, 교원
280	教室	jiào shì	교실
281	教学	jiào xué	가르치다, 교수
282	教育	jiào yù	교육
283	接	jiē	잇다, 연결하다

284	接到	jiē dào	받다, 입수하다
285	接受	jiē shòu	받아들이다. 수락하다. 받다
286	接下来	jiē xià lái	이어서, 다음은
287	接着	jiē zhe	이어서, 다음은
288	街	jiē	거리
289	节	jié	절, 명절
290	节目	jié mù	프로그램, 목록. 항목
291	节日	jié rì	기념일, 명절
292	结果	jié guǒ	열매가[열매를] 맺다/결과
293	借	jiè	빌리다, 꾸어 주다
294	斤	jīn	근, 무게의 단위
295	今后	jīn hòu	금후, 향후
296	进入	jìn rù	(어떤 범위 또는 시기에) 들다[진입하다]
297	进行	jìn xíng	진행하다
298	近	jìn	가깝다
299	经常	jīng cháng	자주, 늘, 항상
300	经过	jīng guò	겪다, 경유하다, 지나다
301	经理	jīng lǐ	사장, 매니저
302	酒	jiǔ	술
303	酒店	jiǔ diàn	호텔
304	就要	jiù yào	멀지 않아/곧
305	举	jǔ	들어 올리다, 일으키다. 흥기하다
306	举手	jǔ shǒu	손 들다
307	举行	jǔ xíng	거행하다, 개최하다
308	句	jù	문장/마디
309	句子	jù zi	문장
310	卡	kǎ	카드
311	开机	kāi jī	기계를 가동하다,(영화 등) 촬영을 시작하다
312	开心	kāi xīn	기쁘다, 즐겁다
313	开学	kāi xué	개학하다, 입학하다
314	看法	kàn fǎ	견해, 의견, 생각
315	考生	kǎo shēng	수험생
316	靠	kào	기대다, 접근하다, ~에 의거하다
317	科	kē	과
318	科学	kē xué	과학, 과학적이다
319	可爱	kě ài	귀엽다, 사랑스럽다

320	可能	kě néng	아마도, 가능하다
321	可怕	kě pà	무섭다 두렵다
322	可是	kě shì	그러나, 그렇지만, 하지만
323	可以	kě yǐ	~해도 된다
324	克	kè	그램(g)
325	刻	kè	새기다/15분
326	客人	kè rén	손님
327	课堂	kè táng	교실, 학습의 장
328	空气	kōng qì	공기
329	哭	kū	울다
330	快餐	kuài cān	패스트푸드
331	快点儿	kuài diǎn er	빨리
332	快乐	kuài lè	즐겁다, 유쾌하다
333	快要	kuài yào	곧[머지않아] (...하다
334	筷子	kuài zi	젓가락
335	拉	lā	당기다, 끌다, (차나 수레에) 실어 운반하다
336	来自	lái zì	(...에서) 오다. (...에서) 나오다
337	蓝	lán	푸른색, 파란색
338	蓝色	lán sè	푸른색, 파란색
339	篮球	lán qiú	농구
340	老	lǎo	늙다, 나이 많다
341	老（老王）	lǎo (lǎo wáng)	늙다, 호칭 (라오왕)
342	老年	lǎo nián	노년, 노인
343	老朋友	lǎo péng yǒu	오래된 친구, 옛 친구
344	老是	lǎo shì	항상, 늘
345	离	lí	~로부터, 분리하다, 떠나다
346	离开	lí kāi	떠나다, 벗어나다. 헤어지다
347	礼物	lǐ wù	선물
348	里头	lǐ tou	안, 안쪽
349	理想	lǐ xiǎng	이상, 꿈
350	例如	lì rú	예를 들다, 예컨대
351	例子	lì zi	예, 보기. 본보기
352	脸	liǎn	얼굴
353	练	liàn	수행하다
354	练习	liàn xí	연습하다, 익히다
355	凉	liáng	시원하다, 차갑다

356	凉快	liáng kuai	시원하다, 상쾌하다
357	两	liǎng	둘, 쌍방, 양쪽
358	亮	liàng	밝다, 빛나다, 환하다
359	辆	liàng	대, 차량을 셀 때 쓰는 양사
360	零下	líng xià	영하
361	留	liú	묵다, 머무르다
362	留下	liú xià	말해 두다. 말하여 남겨 놓다
363	留学生	liú xué shēng	유학생
364	流	liú	흐르다, 유동하다, 이동하다
365	流利	liú lì	유창하다, 막힘이 없다
366	流行	liú xíng	유행(하다), 넓게 퍼지다. 널리 행해지다
367	路边	lù biān	길옆. 노변
368	旅客	lǚ kè	관광객
369	旅行	lǚ xíng	여행, 관광
370	绿	lǜ	푸르다
371	绿色	lǜ	푸른색
372	卖	mài	팔다
373	满	mǎn	가득 차 있다, 가득하다
374	满意	mǎn yì	만족하다, 만족스럽다
375	猫	māo	고양이
376	米	mǐ	쌀
377	面1	miàn	면, 측
378	面2	miàn	밀가루
379	面前	miàn qián	면전, 앞
380	名	míng	이름. 성명
381	名称	míng chēng	명칭, 이름
382	名单	míng dān	명단, 리스트
383	明星	míng xīng	스타, 인기 있는 배우나 운동선수, 밝은 별
384	目的	mù dì	목적
385	拿出	ná chū	꺼내다
386	拿到	ná dào	받다, 입수하다
387	那	nà	그, 저
388	那会儿	nà huì er	그때
389	那么	nà me	그럼
390	那时候|那时	nà shí hòu|nà shí	그때
391	那样	nà yàng	그렇게. 저렇게

392	南方	nán fāng	남방
393	难过	nán guò	고생스럽다. 지내기 어렵다, 슬프다
394	难看	nán kàn	보기 싫다, 못생기다, 체면이 없다
395	难受	nán shòu	(육체적·정신적으로) 괴롭다. 참을 수 없다
396	难题	nán tí	곤란한[어려운] 문제. 난제
397	难听	nán tīng	귀에 거슬리다, 듣기 싫다
398	能够	néng gòu	할 수 있다
399	年级	nián jí	학년
400	年轻	nián qīng	젊다
401	鸟	niǎo	새
402	弄	nòng	하다, 만들다, 다루다
403	努力	nǔ lì	노력하다, 열심히
404	爬	pá	기다, 기어오르다
405	爬山	pá shān	등산하다, 산에 올라가다
406	怕	pà	무서워하다, 두려워하다
407	排	pái	차례를 놓다, 배열하다/줄, 열
408	排队	pái duì	열을 짓다, 줄을 서다
409	排球	pái qiú	배구
410	碰	pèng	부딪히다, (우연히)만나다, 닿다
411	碰到	pèng dào	부딪히다, (우연히)만나다, 닿다
412	碰见	pèng jiàn	우연히 만나다
413	篇	piān	편
414	便宜	pián yi	싸다, 저렴하다
415	片	piàn	편(편평하고 얇은 모양의)
416	漂亮	piào liang	예쁘다, 아름답다
417	平	píng	평평하다, 평탄하다, 평온하다
418	平安	píng ān	평안하다, 무사하다
419	平常	píng cháng	평소/보통이다.
420	平等	píng děng	평등/동등한 대우를 받다, 평등하다
421	平时	píng shí	평상시, 보통때, 평소
422	瓶	píng	병
423	瓶子	píng zi	병
424	普通	pǔ tōng	보통이다. 일반적이다
425	普通话	pǔ tōng huà	중국 표준어
426	其他	qí tā	기타, 남, 나머지
427	其中	qí zhōng	그 속, 그 중

428	骑	qí	(동물이나 자전거 등을) 타다
429	骑车	qí chē	자전거를 타다
430	起飞	qǐ fēi	이륙하다, 날아오르다
431	气	qì	기체, 가스, 공기
432	气温	qì wēn	기온
433	千	qiān	천
434	千克	qiān kè	킬로그램
435	前年	qián nián	전년
436	墙	qiáng	벽, 담. 울타리
437	青年	qīng nián	청년
438	青少年	qīng shào nián	청소년
439	轻	qīng	가볍다, (하중·장비가) 경량이다
440	清楚	qīng chu	분명하다, 뚜렷하다
441	晴	qíng	맑다,(날씨가) 개다
442	晴天	qíng tiān	맑은 하늘
443	请客	qǐng kè	초대하다, 초청하다
444	请求	qǐng qiú	요구, 요청/부탁하다
445	秋天	qiū tiān	가을
446	求	qiú	구하다, 부탁하다
447	球场	qiú chǎng	(야구·농구·축구 등의 구기를 하는) 구장
448	球队	qiú duì	운동 경기의 단체, 팀
449	球鞋	qiú xié	운동화
450	取	qǔ	손에 넣다, 채택하다
451	取得	qǔ dé	취득하다. 얻다. 획득하다
452	全	quán	전부, 완전하다, 모두
453	全部	quán bù	전부, 모두
454	全国	quán guó	전국
455	全家	quán jiā	온 집안
456	全年	quán nián	전년, 만 1년간
457	全身	quán shēn	온 몸
458	全体	quán tǐ	전체, 전부
459	然后	rán hòu	그런 후에, 이후
460	让	ràng	양보하다, 옆으로 피하다, 남에게 넘겨주다
461	热情	rè qíng	열정. 의욕, 마음이 따뜻하다. 정이 두텁다
462	人口	rén kǒu	인구
463	人们	rén men	사람들

464	人数	rén shù	인원, 인수
465	认为	rèn wéi	여기다, 생각하다
466	日报	rì bào	일보
467	日子	rì zi	날, 날짜, 시간, 생활
468	如果	rú guǒ	만약, 만일
469	入口	rù kǒu	입으로 들어가다, 수입하다
470	商量	shāng liang	상의하다, 의논하다
471	商人	shāng rén	상인, 장사꾼
472	上周	shàng zhōu	지난 주
473	少数	shǎo shù	소수, 적은 수
474	少年	shào nián	소년
475	身边	shēn biān	신변, 몸
476	什么样	shén me yàng	어떻다
477	生	sheng	낳다, 태어나다
478	生词	shēng cí	새 단어
479	生活	shēng huó	생활, 생존하다
480	声音	shēng yīn	소리, 성음, 영향과 위력
481	省	shěng	아끼다, 절약하다
482	省	shěng	성
483	十分	shí fēn	매우, 아주, 굉장히
484	实际	shí jì	실제, 사실
485	实习	shí xí	실습하다, 견습(하다)
486	实现	shí xiàn	실현하다, 달성하다, 이루다
487	实在	shí zài	진실하다, 정직하다, 정말
488	实在	shí zai	시재하다, 진실하다
489	食物	shí wù	음식물
490	使用	shǐ yòng	사용하다, 쓰다
491	市	shì	시
492	市长	shì zhǎng	시장
493	事情	shì qing	일, 사건
494	收	shōu	받다, 거두어 들이다
495	收到	shōu dào	받다, 얻다
496	收入	shōu rù	수입, 소득/받다
497	手表	shǒu biǎo	손목 시계
498	受到	shòu dao	…을 받다
499	舒服	shū fu	편안하다, 상쾌하다. 안락하다

500	熟	shú	익다, 잘 알다
501	数	shǔ	세다, 헤아리다.
502	数字	shù zì	숫자
503	水平	shuǐ píng	수준, 수평
504	顺利	shùn lì	순조롭다
505	说明	shuō míng	설명하다, 증명하다. 입증하다
506	司机	sī jī	기사, 운전사
507	送到	sòng dào	배달되다, 배웅하다
508	送给	sòng gěi	주다, 선사하다
509	算	suàn	계산하다, 셈하다
510	虽然	suī rán	비록~하지만, 설령 …일지라도
512	随便	suí biàn	마음대로, 하고 싶은 대로
513	随时	suí shí	언제나, 수시로
514	所以	suǒ yǐ	그래서, 그러니까
515	所有	suǒ yǒu	소유하다/모든
516	它	tā	그것
517	它们	tā men	그것들
518	太太	tài tai	마님, 옛날, 관리의 처에 대한 통칭
519	太阳	tài yáng	태양, 햇빛. 일광
520	态度	tài du	태도, 몸짓. 거동
521	讨论	tǎo lùn	토론하다
522	套	tào	세트
523	特别	tè bié	특별히, 특히
524	特点	tè diǎn	특징, 특성
525	特点	tè diǎn	특징, 특성
526	提	tí	들다, 꺼내다
527	提出	tí chū	제의하다, 제기하다, 꺼내다
528	提到	tí dào	언급하다, 끌어올리다
529	提高	tí gāo	제고하다, 향상시키다
530	题	tí	제목, 문제. 연습 문제
531	体育	tǐ yù	체육, 스포츠
532	体育场	tǐ yù chǎng	운동장
533	体育馆	tǐ yù guǎn	체육관
534	天上	tiān shàng	하늘
535	条	tiáo	가늘고 긴 것
536	条件	tiáo jiàn	조건, 기준

537	听讲	tīng jiǎng	강연을 듣다
538	听说	tīng shuō	남의 말을 듣다
539	停	tíng	멈추다, 그만하다
540	停车	tíng chē	차를 세우다, 차를 멈추다
541	停车场	tíng chē chǎng	주차장
542	挺	tǐng	꽤, 매우
543	挺好	tǐng hǎo	괜찮다, 좋다
544	通	tōng	통하다, 같은 뜻으로 쓰이다
545	通过	tōng guò	건너가다, 통과하다
546	通知	tōng zhī	통지하다, 알리다
547	同时	tóng shí	동시, 같은 시기
548	同事	tóng shì	동료
549	同样	tóng yàng	같다, 다름없다, 마찬가지다
550	头	tóu	머리, 머리 모양
551	头（里头）	tóu	명사의 뒤에 쓰임(안. 내부. 속. 가운데)
552	头发	tóu fa	머리카락
553	图片	tú piàn	그림, 사진
554	推	tuī	밀다, 추진하다
555	腿	tuǐ	다리, (물건의) 다리
556	外地	wài dì	외지, 타지
557	外卖	wài mài	배달 음식
558	完	wán	끝내다, 마치다, 완성하다
559	完成	wán chéng	완성하다, (예정대로) 끝내다. 완수하다
560	完全	wán quán	완전하다/완전히
561	晚安	wǎn ān	안녕히 주무세요!
562	晚报	wǎn bào	석간신문
563	晚餐	wǎn cān	저녁
564	晚会	wǎn huì	야회, 이브닝 파티
565	碗	wǎn	그릇
566	万	wàn	만
567	网	wǎng	그물, 싸다
568	网球	wǎng qiú	테니스
569	网站	wǎng zhàn	(인터넷) 웹 사이트
570	往	wǎng	~을 향해, ~쪽으로
571	为	wèi	~을 위하여, 돕다
572	为什么	wèi shén me	왜

573	位	wèi	위치/분
574	味道	wèi dao	맛, 느낌. 기분
575	喂	wèi	여보세요, 야
576	温度	wēn dù	온도
577	闻	wén	냄새를 맡다/듣다/소식
578	问路	wèn lù	길을 묻다
579	问题	wèn tí	질문, 문제
580	午餐	wǔ cān	점심밥
581	午睡	wǔ shuì	낮잠
582	西北	xī běi	서북
583	西餐	xī cān	양식
584	西方	xī fāng	서방, 서양
585	西南	xī nán	서남
586	西医	xī yī	양의, 서양 의학
587	习惯	xí guàn	습관, 버릇
588	洗衣机	xǐ yī jī	세탁기
589	洗澡	xǐ zǎo	목욕하다, 샤워하다
590	下	xià	아래, 내리다
591	下雪	xià xuě	눈을 내리다
592	下周	xià zhōu	다음 주
593	夏天	xià tiān	여름
594	相同	xiāng tóng	서로 같다, 똑같다
595	相信	xiāng xìn	믿다
596	响	xiǎng	울림. 소리. 음향, 소리를 내다. 소리가 나다
597	想到	xiǎng dào	생각이 나다
598	想法	xiǎng fǎ	생각, 의견
599	想起	xiǎng qǐ	상기하다. 생각해내다
600	向	xiàng	~을 향해서,~로
601	相机	xiàng jī	카메라
602	像	xiàng	닮다,~와 같다, 처럼
603	小（小王）	xiǎo	소(소왕)
604	小声	xiǎo shēng	작은 소리, 소리를 낮추어
605	小时候	xiǎo shí hòu	어렸을 때
606	小说	xiǎo shuō	소설
607	小心	xiǎo xīn	조심하다, 주의하다
608	小组	xiǎo zǔ	서클, 소그룹

609	校园	xiào yuán	캠퍼스
610	校长	xiào zhǎng	교장, 총장
611	笑话	xiào hua	우스운 이야기, 비웃다
612	笑话儿	xiào hua	우스운 이야기, 비웃다
613	鞋	xié	신발
614	心里	xīn lǐ	마음속, 가슴속
615	心情	xīn qíng	심정. 마음. 기분
616	心中	xīn zhōng	마음속
617	新闻	xīn wén	뉴스
618	信	xìn	편지
619	信号	xìn hào	신호, 사인
620	信息	xìn xī	소식, 메시지
621	信心	xìn xīn	자신, 자신감
622	信用卡	xìn yòng kǎ	신용카드
623	星星	xīng xīng	별, 스타
624	行动	xíng dòng	행위, 행동
625	行人	xíng rén	행인, 길을 가는 사람.
626	行为	xíng wéi	행위, 행동
627	姓	xìng	성씨
628	姓名	xìng míng	이름, 성명
629	休假	xiū jià	휴가, 휴가를 보내다
630	许多	xǔ duō	매우 많다/좋다, 상당하다
631	选	xuǎn	고르다, 선택하다, 선거하다
632	学期	xué qī	학기
633	雪	xuě	눈/(눈처럼) 희다. 하얗다
634	颜色	yán sè	색깔
635	眼	yǎn	눈, 시력. 관찰력
636	眼睛	yǎn jing	눈
637	养	yǎng	키우다, 양육하다, 부양하다
638	样子	yàng zi	모양, 모습.
639	要求	yāo qiú	요구하다, 요구
640	药	yào	약
641	药店	yào diàn	약국, 약방
642	药片	yào piàn	알약, 정제
643	药水	yào shuǐ	물약
644	也许	yě xǔ	어쩌면, 아마

645	夜	yè	밤
646	夜里	yè lǐ	밤중
647	一部分	yí bù fèn	일부분
648	一定	yí dìng	반드시, 꼭
649	一共	yí gòng	전부, 합계, 총
650	一会儿	yí huì r	잠시동안, 잠깐
651	一路平安	yí lù píng ān	가시는 길에 평안하시길 빕니다
652	一路顺风	yí lù shùn fēng	가시는 길이 순조롭길 빕니다.
653	已经	yǐ jing	이미, 벌써
654	以后	yǐ hòu	이후, 금후
655	以前	yǐ qián	이전, 예전
656	以上	yǐ shàng	이상
657	以外	yǐ wài	이외
658	以为	yǐ wéi	~인 줄 알다
659	以下	yǐ xià	이하
660	椅子	yǐ zi	의자
661	一般	yì bān	일반적이다, 보통이다
662	一点点	yì diǎn diǎn	아주, 조금
663	一生	yì shēng	일생/한 서생
664	一直	yì zhí	줄곧, 계속
665	亿	yì	억
666	意见	yì jiàn	의견, 견해
667	意思	yì si	의미, 뜻
668	因为	yīn wèi	~때문에, 왜냐하면
669	阴	yīn	흐리다/산의 북쪽
670	阴天	yīn tiān	흐린 날씨
671	音节	yīn jié	음절
672	音乐	yīn yuè	음악
673	音乐会	yīn yuè huì	음악회, 컨서트
674	银行	yín háng	은행
675	银行卡	yín háng kǎ	은행 카드, 신용카드
676	应该	yīng gāi	~해야 한다, 마땅히
677	英文	yīng wén	영어
678	英语	yīng yǔ	영어
679	影片	yǐng piàn	영화
680	影响	yǐng xiǎng	영향을 끼치다, 영향

梦想中国语 词汇

681	永远	yǒng yuǎn	영원하다, 늘. 항상. 언제나
682	油	yóu	기름, 액체 상태의 조미료
683	游客	yóu kè	관광객
684	友好	yǒu hǎo	우호적이다, 절친한 친구
685	有空儿	yǒu kòng er	틈이 있다, 시간이 있다.
686	有人	yǒu rén	사람 있다
687	有（一）点儿	yǒu（yì）diǎn er	조금
688	有意思	yǒu yì si	재미있다, 의미심장하다
689	又	yòu	또, 다시
690	鱼	yú	물고기
691	语言	yǔ yán	언어
692	原来	yuán lái	원래, 본래
693	原因	yuán yīn	원인, 까닭
694	院	yuàn	뜰/어떤 기관이나 공공 장소
695	院长	yuàn zhǎng	병원 원장, 단과 대학 학장
696	院子	yuàn zi	정원, 뜰
697	愿意	yuàn yi	원하다, 동의하다
698	月份	yuè fèn	월분
699	月亮	yuè liang	달
700	越	yuè	넘다. 건너다,점점. 더욱더. 한층 더
701	越来越	yuè lái yuè	더욱더. 점점. 갈수록
702	云	yún	구름
703	运动	yùn dòng	운동, 스포츠
704	咱	zán	우리
705	咱们	zán men	우리
706	脏	zāng	더럽다, 불결하다
707	早餐	zǎo cān	아침밥
708	早晨	zǎo chén	아침
709	早就	zǎo jiù	훨씬 전에, 이미, 일찍이
710	怎么办	zěn me bàn	어떡하다
711	怎么样	zěn me yàng	어때요?
712	怎样	zěn yàng	어떠하다
713	占	zhàn	차지하다, 점령[점거]하다
714	站	zhàn	서다/(명)정거장
715	站住	zhàn zhù	멈추다
716	长	zhǎng	자라다/맏이의, 첫째의/나이가 많다

717	长大	zhǎng dà	자라다, 성장하다
718	找出	zhǎo chū	찾아내다
719	照顾	zhào gù	보살피다, 돌보다
720	照片	zhào piàn	사진
721	照相	zhào xiàng	사진을 찍다
722	这么	zhè me	이러한, 이렇게
723	这时候|这时	zhè shí hòu|zhè shí	그때
724	这样	zhè yàng	이렇다, 이와 같다
725	真正	zhēn zhèng	진정하다, 참으로
726	正常	zhèng cháng	정상이다
727	正好	zhèng hǎo	딱 좋다, 꼭, 마침
728	正确	zhèng què	정확하다
729	直接	zhí jiē	직접, 직접적
730	只	zhǐ	단지, 다만, 오직
731	只能	zhǐ néng	다만 할 수 있을 뿐이다
732	只要	zhǐ yào	~하기만 하면, 오직~한다면
733	纸	zhǐ	종이
734	中餐	zhōng cān	중국 음식. 중국요리
735	中级	zhōng jí	중급, 중등
736	中年	zhōng nián	중년
737	中小学	zhōng xiǎo xué	초중학교
738	中心	zhōng xīn	한가운데, 중심, 센터
739	中医	zhōng yī	한의사
740	重点	zhòng diǎn	중점, 지렛대가 물체를 떠받치는 점
741	重视	zhòng shì	중시하다, 중요시하다
742	周	zhōu	주
743	周末	zhōu mò	주말
744	周年	zhōu nián	주년
745	主人	zhǔ rén	주인, 손님을 접대하는 사람
746	主要	zhǔ yào	주요하다
747	住房	zhù fáng	주택
748	住院	zhù yuàn	입원하다
749	装	zhuāng	싣다, 포장하다.
750	准确	zhǔn què	정확하다
751	自己	zì jǐ	자기, 자신, 스스로
752	自行车	zì xíng chē	자전거

번호	단어	병음	뜻
753	自由	zì yóu	자유, 자유롭다.
754	字典	zì diǎn	사전
755	走过	zǒu guò	거치다
756	走进	zǒu jìn	걸어들어오다
757	走开	zǒu kāi	비키다, 떠나다
758	租	zū	세내다; 빌려 쓰다
759	组	zǔ	팀, 조, 세
760	组成	zǔ chéng	조직하다. 짜다. 조성하다.
761	组长	zǔ zhǎng	팀장
762	嘴	zuǐ	입, 주둥이
763	最近	zuì jìn	최근, 요즘
764	作家	zuò jiā	작가
765	作文	zuò wén	작문, 글을 짓다
766	作业	zuò yè	숙제
767	作用	zuò yòng	작용, 역할
768	座	zuò	좌석, 자리, 양사
769	座位	zuò wèi	좌석, 자리
770	做到	zuò dào	달성하다, 성취하다
771	做法	zuò fǎ	방법, 수단
772	做饭	zuò fàn	밥을 짓다, 식사 준비를 하다

신 HSK 3급 필수 단어 973

	중국어	발음	한국어
1	爱心	ài xīn	(인간이나 환경에 대한) 관심과 사랑, 사랑하는 마음.
2	安排	ān pái	배치하다. 안배하다.
3	安装	ān zhuāng	(기계, 기자재 등을) 설치하다.
4	按	àn	누르다
5	按照	àn zhào	~에 따라. ~대로.
6	把（介）	bǎ	(손으로) 쥐다. 잡다
7	把（量）	bǎ	자루. 손잡이.
8	把握	bǎ wò	자신. 가망. 성공의 가능성
9	白（副）	bái	헛되게. 공연히. 쓸데없이
10	白菜	bái cài	배추
11	班级	bān jí	클래스. 반. 학급.
12	搬	bān	운반하다. 옮기다.
13	搬家	bān jiā	이사하다. 이전하다. 집을 옮기다.
14	板	bǎn	널빤지. 널. 판. 판자.
15	办理	bàn lǐ	처리하다. 취급하다.
16	保	bǎo	보호하다. 보위하다. 지키다.
17	保安	bǎo ān	(치안을) 보안하다.
18	保持	bǎo chí	(지속적으로) 유지하다. 지키다.
19	保存	bǎo cún	보존하다. 간직하다.
20	保护	bǎo hù	보호하다. 지키다.
21	保留	bǎo liú	남겨두다. 보류하다.
22	保险	bǎo xiǎn	보험 / 안전하다. (사고가 날) 위험이 없다.
23	保证	bǎo zhèng	보증하다. 담보하다.
24	报（名）	bào	전하다. 보고하다. (등록하다)
25	报到	bào dào	도착 보고를 하다. 도착 등록하다.
26	报道	bào dào	(뉴스 등을) 보도하다.
27	报告	bào gào	보고서. 리포트 / 보고하다.
28	背	bēi	업다. (등에) 짊어지다. / (책임을) 지다.
29	北部	běi bù	북쪽. 북부.

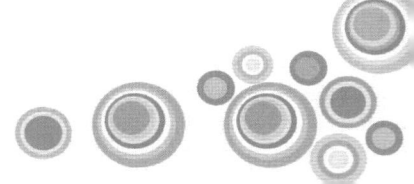

30	背	bèi	등/외우다. 암기하다.
31	背后	bèi hòu	배후. 뒤쪽. 뒷면.
32	被	bèi	당하다. ~되다. / 덮다.
33	被子	bèi zi	이불
34	本来	běn lái	본래. 원래
35	本领	běn lǐng	능력. 기량. 재능. 솜씨.
36	本事	běn shì	능력. 재능. 기량. 수완. 재주.
37	比较	bǐ jiào	비교하다 / (부)비교적
38	比例	bǐ lì	비례. 비율. 비중.
39	比赛	bǐ sài	시합하다 / (명)시합
40	必然	bì rán	꼭, 필연적으로 / 필연적이다.
41	必要	bì yào	필요(로)(하다)
42	变化	biàn huà	변화(하다). 달라지다. 바뀌다.
43	变为	biàn wéi	~(으)로 변하다.
44	标题	biāo tí	표제. 제목.
45	标准	biāo zhǔn	표준. 기준.
46	表达	biǎo dá	(생각·감정을) 표현하다 / 나타내다.
47	表格	biǎo gé	양식. 서식. 표.
48	表面	biǎo miàn	표면, 외재적인 현상표면. 외견. 외관.
49	表明	biǎo míng	표명하다. 분명하게 밝히다.
50	表现	biǎo xiàn	표현(하다).
51	表演	biǎo yǎn	공연(하다). 연출(하다).
52	并	bìng	그리고. 같이. 함께. 동등하게
53	并且	bìng qiě	또한, 그리고. 더욱이. 그 위에
54	播出	bō chū	방송하다
55	播放	bō fàng	방송하다. 방영하다.
56	不必	bú bì	할 필요가 없다.
57	不断	bú duàn	끊임없다 / 끊임없이. 부단히. 늘
58	不论	bú lùn	...을 막론하고. ...든지.
59	补	bǔ	때우다. 보수하다.
60	补充	bǔ chōng	보충하다. 추가하다. 보완하다.
61	不安	bù ān	불안하다
62	不得不	bù dé bù	어쩔 수 없이. ~하지 않으면 안 된다.
63	不光	bù guāng	~만 아니다. ...뿐 아니라.
64	不仅	bù jǐn	~을 뿐만 아니라.

65	布	bù	천. 포. 베.
66	步	bù	걸음. 보폭.
67	部	bù	부. 부분. 통솔하다.
68	部门	bù mén	부(部). 부문. 부서.
69	部长	bù zhǎng	중앙 정부의 각부(各部) 장관. 부장
70	才能	cái néng	재능. 재간. 수완 / 지식과 능력
71	采取	cǎi qǔ	취하다. 채택하다
72	采用	cǎi yòng	채용하다
73	彩色	cǎi sè	채색. 천연색
74	曾经	céng jīng	일찍이. 이미. 벌써. 이전에
75	产生	chǎn shēng	생기다. 발생하다
76	长城	cháng chéng	만리장성
77	长处	cháng chù	장점
78	长期	cháng qí	장기. 긴 시간.
79	厂	chǎng	공장. 상품의 보관·가공·판매를 겸하고 있는 상점.
80	场合	chǎng hé	경우. 형편. 상황. 장면. 장소.
81	场所	chǎng suǒ	장소. 시설.
82	超级	chāo jí	최상급의. 슈퍼. 초
83	朝	cháo	조정. 왕조 / (임금을) 뵙다. 알현하다.
84	吵	chǎo	시끄럽다. 떠들썩하다.
85	吵架	chǎo jià	다투다. 입씨름하다. 말다툼하다.
86	衬衫	chèn shān	와이셔츠
87	衬衣	chèn yī	셔츠. 속옷.
88	称为	chēng wèi	~라고 일컫다. …으로 불리우다.
89	成功	chéng gōng	성공(하다). 완성(하다)
90	成果	chéng guǒ	성과. 결과
91	成就	chéng jiù	성취. 성과. 업적 / 성취하다. 완성하다. 이루다.
92	成立	chéng lì	(조직·기구 따위를) 설치하다. 창립하다. 결성하다
93	成熟	chéng shú	성숙하다. (과일·곡식 따위가) 익다 / 기술이 숙달[숙련]되다.
94	成员	chéng yuán	성원. 구성원. 멤버
95	成长	chéng zhǎng	성장하다. 자라다 / 발전하다. 증가하다
96	城	chéng	성(벽). 성(城) 안
97	城市	chéng shì	도시
98	程度	chéng dù	정도. 수준
99	持续	chí xù	지속하다. 계속 유지하다.

100	充满	chōng mǎn	가득차다. 가득 채우다. 충만하다. 넘치다.
101	重	chóng	중복하다 / 겹치다 / 재차. 다시
102	初	chū	처음(의). 최초(의). 첫 번째의.
103	初（初一）	chū (chū yī)	초(초하루)
104	初步	chū bù	시작 단계의. 초보적이다. 대체적이다.
105	初级	chū jí	초급
106	初中	chū zhōng	중학교
107	除了	chú le	…을[를] 제외하고(는) / …외에 또. …외에 …도.
108	处理	chǔ lǐ	처리하다. (일을) 안배하다. (문제를) 해결하다.
109	传	chuán	전하다. 전수하다. 가르쳐 전하다.
110	传播	chuán bō	(씨를) 흩뿌리다. 널리 퍼뜨리다. 전파하다. 유포하다.
111	传来	chuán lái	전래(하다). 전해 내려옴[오다]. 들려오다.
112	传说	chuán shuō	이리저리 말이 전해지다 / 소문. 풍문.
113	创新	chuàng xīn	옛 것을 버리고 새 것을 창조하다 / 창조성.
114	创业	chuàng yè	사업을 시작하다. 창업하다.
115	创造	chuàng zào	창조하다. 발명하다. 만들다.
116	创作	chuàng zuò	창작하다.
117	从来	cóng lái	지금까지. 여태껏. 이제까지.
118	从前	cóng qián	종전. 이전
119	从事	cóng shì	종사하다. 일을 하다.
120	村	cūn	마을
121	存	cún	존재하다. 생존하다. 살아남다. / 보존하다. 나머지. 잔고.
122	存在	cún zài	존재(하다). 현존(하다).
123	错误	cuò wù	틀린. 잘못된 / 틀린 행위. 실수. 잘못.
124	达到	dá dào	달성하다. 도달하다.
125	打破	dǎ pò	타파하다. 때려 부수다.
126	打听	dǎ tīng	물어보다. 알아보다.
127	大概	dà gài	개략. 대요. 대강
128	大使馆	dà shǐ guǎn	대사관
129	大约	dà yuē	대략. 대강. 얼추. 아마. 다분히. 대개는.
130	大夫	dài fū	의사
131	代	dài	대리하다. 대신하다. / 대리
132	代表	dài biǎo	대표. 대표자 / 대표하다. 대신하다. 대리하다.
133	代表团	dài biǎo tuán	대표단
134	带动	dài dòng	이끌어) 움직이다. 이끌어 나가다. 선도하다

135	带领	dài lǐng	데리다. 안내하다. 인솔하다. 영솔하다.
136	单元	dān yuán	단원. 단일한 근원 / (교재 등의) 단원.
137	当初	dāng chū	당초. 처음. 이전.
138	当地	dāng dì	당지. 그 지방. 현지. 현장.
139	当然	dāng rán	당연하다. 물론이다. / 당연히. 물론.
140	当中	dāng zhōng	중간. 한복판. 그 가운데.
141	刀	dāo	칼
142	导演	dǎo yǎn	연출하다. 감독하다. 안무하다 / 연출자, 감독, 안무
143	到达	dào dá	도달하다. 도착하다.
144	到底	dào dǐ	마침내, 도대체 / 끝까지 …하다. 최후까지 …하다.
145	得分	dé fēn	득점하다. 점수를 얻다
146	等待	děng dài	기다리다. 대기
147	底下	dǐ xià	아래, 밑에 / …하는 일. …방면.
148	地区	dì qū	지역, 지구
149	电视剧	diàn shì jù	드라마
150	电视台	diàn shì tái	텔레비전 방송국
151	电台	diàn tái	방송국
152	电子邮件	diàn zǐ yóu jiàn	이메일
153	调	diào	파견하다. 전근시키다. 소환하다 / 악센트. 어조
154	调查	diào chá	조사하다
155	订	dìng	(조약·계약·등을) 정하다. 맺다 / 예약하다. 주문하다.
156	定期	dìng qī	날짜를 정하다. 정기(의).
157	东部	dōng bù	동쪽. 동부.
158	动力	dòng lì	동력. 원동력.
159	动人	dòng rén	감동시키다. 감동적이다.
160	读者	dú zhě	독자
161	短处	duǎn chù	결점. 약점
162	短裤	duǎn kù	짧은 바지. 반바지.
163	短期	duǎn qī	단기(일)
164	断	duàn	자르다, 끊다. 단절하다.
165	队员	duì yuán	팀원
166	对待	duì dài	상대적인 상황에 처하다. 상대적이다..
167	对方	duì fāng	상대방. 상대편
168	对手	duì shǒu	상대. 호적수. 호흡이 잘 맞다.
169	对象	duì xiàng	결혼 상대. 애인. 대상

170	顿	dùn	잠시 멈추다. 좀 쉬다. 즉시. 돌연히. 홀연히.
171	发表	fā biǎo	발표(하다). 공표(하다). 게재(하다).
172	发出	fā chū	(소리 등을) 내다. (편지 등을) 보내다.
173	发达	fā dá	발달하다. 향상하다. 발전하다.
174	发动	fā dòng	개시하(게 하)다. 행동하기 시작하다. 행동하게 하다.
175	发明	fā míng	발명 (하다)
176	发生	fā shēng	생기다, 발생하다
177	发送	fā sòng	발송하다. 보내다.
178	发言	fā yán	발언 / 의견을 발표하다. 발언하다.
179	发展	fā zhǎn	발전하다
180	反对	fǎn duì	반대하다
181	反复	fǎn fù	거듭하다. 반복하다.
182	反应	fǎn yìng	반응, 반향 / 반응하다. 응답하다.
183	反正	fǎn zhèng	아무튼, 어쨌든.
184	范围	fàn wéi	범위
185	方式	fāng shì	방법. 방식
186	防	fáng	막다. 지키다. 방비하다. 방위하다. 방지하다. / 방위.
187	防止	fáng zhǐ	방지하다.
188	房东	fáng dōng	집주인
189	房屋	fáng wū	가옥. 집. 건물
190	房租	fáng zū	집세
191	访问	fǎng wèn	방문하다
192	放到	fàng dào	놔두다
193	飞行	fēi xíng	비행하다
194	费	fèi	비용. 수수료. 요금. / 쓰다. 소비하다.
195	费用	fèi yòng	비용. 지출.
196	分别	fēn bié	각자. 따로따로 / 헤어지다. 이별하다.
197	分配	fēn pèi	분배하다. 배급하다.
198	分组	fēn zǔ	조를 나누다. 분조.
199	丰富	fēng fù	풍부하다
200	风险	fēng xiǎn	위험. 모험
201	否定	fǒu dìng	부정(하다). 반대(하다). / 부정의, 부정적인
202	否认	fǒu rèn	부인하다. 부정하다.
203	服装	fú zhuāng	복장. 의류
204	福	fú	복

205	父母	fù mǔ	부모
206	父亲	fù qīn	아버지. 부친.
207	付	fù	지불하다
208	负责	fù zé	책임지다
209	复印	fù yìn	복사하다
210	复杂	fù zá	복잡하다
211	富	fù	부유하다
212	改进	gǎi jìn	개선하다. 개량하다.
213	改造	gǎi zào	개조(하다). 개혁(하다).
214	概念	gài niàn	개념
215	赶	gǎn	뒤쫓다
216	赶到	gǎn dào	서둘러 도착하다 / ...에 이르러. ...때가 되면. ...때에
217	赶紧	gǎn jǐn	어서. 서둘러. 재빨리
218	赶快	gǎn kuài	재빨리, 황급히
219	敢	gǎn	용기가 있다. 용감하다 / 감히. 대담하게.
220	感冒	gǎn mào	감기(에 걸리다)
221	感情	gǎn qíng	감정
222	感受	gǎn shòu	(영향을) 받다[감수하다]. / 인상. 느낌. 체득.
223	干吗	gàn ma	무엇 때문에. 어째서. 왜 / 무엇을 하는가?
224	高速	gāo sù	고속(도)
225	高速公路	gāo sù gōng lù	고속 도로
226	告别	gào bié	헤어지다. 작별 인사를 하다.
227	歌迷	gē mí	노래 애호가.
228	歌声	gē shēng	노랫소리
229	歌手	gē shǒu	가수
230	个人	gè rén	개인. 그 사람.
231	个性	gè xìng	개성. 개별성.
232	各	gè	각각, 여러. 갖가지. 여러 가지.
233	各地	gè dì	각지
234	各位	gè wèi	여러분
235	各种	gè zhǒng	각종, 여러 가지
236	各自	gè zì	각자, 제각기
237	根本	gēn běn	근본. 기초. 중요하다. 주요하다. 기본적이다.
238	更加	gèng jiā	더욱 더
239	工厂	gōng chǎng	공장

240	工程师	gōng chéng shī	엔지니어
241	工夫	gōng fu	(투자한) 시간. 틈. 여가.
242	工具	gōng jù	작업 도구, 공구, 수단
243	工业	gōng yè	공업
244	工资	gōng zī	급여, 임금
245	公布	gōng bù	공포하다
246	公共	gōng gòng	공공의. 공용의.
247	公开	gōng kāi	공개(하다)
248	公民	gōng mín	공민, 국민
249	公务员	gōng wù yuán	잡역부. 고용원. 공무원.
250	功夫	gōng fu	조예. 재주. 솜씨. 노력.
251	功课	gōng kè	학과목. 강의. 학습. 수업. 학업 성적.
252	功能	gōng néng	기능, 효율. 효능. / 기능
253	共同	gòng tóng	공동의, 공통의 / 함께. 다같이.
254	共有	gòng yǒu	공유하다
255	姑娘	gū niang	처녀, 아가씨
256	古	gǔ	옛날, 고대 / 낡다. 오래되다.
257	古代	gǔ dài	(시대 구분상의) 고대
258	故乡	gù xiāng	고향
259	挂	guà	(고리·못 따위에) 걸다. 전화를 끊다.
260	关系	guān xi	관계. 관련.
261	关注	guān zhù	관심(을 가지다). 배려(하다).
262	观察	guān chá	관찰(하다)
263	观看	guān kàn	관찰하다. 관람하다. 보다.
264	观念	guān niàn	관념, 생각
265	观众	guān zhòng	관중
266	管	guǎn	관. 대롱 / 관악기. 취주 악기.
267	管理	guǎn lǐ	관리하다 / 감독. 매니저.
268	光	guāng	빛. 광선
269	光明	guāng míng	광명 / 밝다. 환하다.
270	广播	guǎng bō	방송하다. 라디오[텔레비전] 방송
271	广大	guǎng dà	(면적·공간이) 넓다 / (범위·규모가) 크다. 광범하다.
272	规定	guī dìng	규칙. 규정(하다)
273	规范	guī fàn	본보기. 규범. 모범.규격. 규범에 맞다.
274	国内	guó nèi	국내

275	国庆	guó qìng	국경절, 건국 기념일
276	果然	guǒ rán	과연. 생각한대로. 만약 …한다면.
277	果汁	guǒ zhī	쥬스
278	过程	guò chéng	과정
279	过去（名）	guò qù	과거
280	哈哈	hā hā	하하(크게 웃는 소리)
281	海关	hǎi guān	세관
282	害怕	hài pà	무섭다. 무서워하다
283	行	xíng	걷다. 가다. 보내다. 전달하다. 송달하다.
284	好好	hǎo hǎo	좋다 / 잘. 충분히. 제대로. 실컷. 마음껏.
285	好奇	hào qí	호기심이 많다.
286	合	hé	감다. 다물다. 덮다. 닫다. 합치다. 모으다./도든, 온
287	合法	hé fǎ	법에 맞다. 합법적이다.
288	合格	hé gé	규격[표준]에 들어맞다. 합격(하다)
289	合理	hé lǐ	도리에 맞다. 합리적이다
290	合作	hé zuò	협력하다. 합작하다.
291	和平	hé píng	평화(롭다). / 순하다. 부드럽다. 온화하다.
292	红茶	hóng chá	홍차
293	红酒	hóng jiǔ	와인. 붉은 포도주.
294	后果	hòu guǒ	(주로 나쁜 측면의) 최후의 결과.
295	后面	hòu miàn	뒤. 뒤쪽. 뒷면. 뒷부분.
296	后年	hòu nián	내후년
297	互联网	hù lián wǎng	인터넷
298	互相	hù xiāng	서로. 상호.
299	划船	huá chuán	배를 젓다
300	华人	huá rén	중국인
301	化（现代化）	huà (xiàn dài huà)	~화 (현대화)
302	话剧	huà jù	연극
303	话题	huà tí	화제. 논제
304	欢乐	huān lè	즐겁다. 유쾌하다.
305	环	huán	고리. / 둘러[에워]싸다. 돌다.
306	环保	huán bǎo	환경 보호
307	环境	huán jìng	환경
308	会议	huì yì	회의
309	会员	huì yuán	회원

310	活	huó	살다. 살리다.
311	火（名）	huǒ	불. 무기. 탄약
312	机器	jī qì	기기, 기계
313	积极	jī jí	적극적이다
314	基本	jī běn	기본. 근본. / 기본의, 기본적인
315	基本上	jī běn shàng	주로. 거의, 기본적으로
316	基础	jī chǔ	기초, 토대
317	及时	jí shí	제때에. 적시에.
318	…极了	…jí le	극히. 매우. 아주. 몹시.
319	集体	jí tǐ	단체, 집단
320	集中	jí zhōng	집중하다. 모으다.
321	计算	jì suàn	계산(하다). 고려하다.
322	记录	jì lù	기록하다
323	记者	jì zhě	기자
324	记录	jì lù	(회의 등의) 기록.
325	纪念	jì niàn	기념의. 기념하는./기념하다.
326	技术	jì shù	기술
327	继续	jì xù	계속(하다)
328	加工	jiā gōng	가공하다 / 가공. 가공업.
329	加快	jiā kuài	빠르게 하다. 속도를 올리다.
330	加强	jiā qiáng	강하게 하다
331	家具	jiā jù	가구
332	家属	jiā shǔ	가족. 가솔. 가속.
333	家乡	jiā xiāng	고향
334	价格	jià gé	가격
335	价钱	jià qián	가격, 값
336	价值	jià zhí	가치
337	架	jià	물건을 놓거나, 선반·시렁·골조 따위 / 싸움. 다툼.
338	坚持	jiān chí	견지하다. 끝까지 버티다. 고수하다.
339	坚决	jiān jué	단호하다. 결연하다.
340	坚强	jiān qiáng	굳세다. 굳고 강하다. 꿋꿋하다.
341	简单	jiǎn dān	간단하다. 단순하다.
342	简直	jiǎn zhí	그야말로. 전혀. 정말. 완전히. 실로. / 차라리. 아예
343	建	jiàn	(건물 따위를) 짓다. 세우다. 건축하다.
344	建成	jiàn chéng	(건축물을) 완성하다. 낙성하다.

345	建立	jiàn lì	건립하다. 창설하다. 세우다.
346	建设	jiàn shè	건설(하다)
347	建议	jiàn yì	건의(하다). 제의(하다). 제안(하다).
348	将近	jiāng jìn	거의 ...에 가깝다[접근하다, 근접하다].
349	将来	jiāng lái	장래, 미래
350	交费	jiāo fèi	비용를 내다
351	交警	jiāo jǐng	교통경찰
352	交流	jiāo liú	교류하다.
353	交往	jiāo wǎng	왕래(하다). 내왕(하다). 교제(하다). 상종(하다).
354	交易	jiāo yì	교역하다. 매매하다. 거래하다.
355	叫	jiào	외치다. 고함치다. 소리치다. / (동물이) 울다. 짖다.
356	较	jiào	비교하다. 비하다. / 비교적.
357	教材	jiào cái	교재
358	教练	jiào liàn	감독, 코치
359	结实	jiē shi	튼튼하다. 단단하다. 견고하다.
360	接待	jiē dài	접대(하다). 응접(하다).
361	接近	jiē jìn	접근하다. / 비슷하다. 가깝다. 접근해 있다.
362	节约	jié yuē	아끼다, 절약하다
363	结合	jié hé	결합하다
364	结婚	jié hūn	결혼하다
365	结束	jié shù	끝나다, 마치다
366	解决	jiě jué	해결하다
367	解开	jiě kāi	풀다. (종기를) 절개하다. 해체하다.
368	金	jīn	금. 금속. 돈.
369	金牌	jīn pái	금메달
370	仅	jǐn	겨우. 가까스로. 근근이. / 다만. 단지. ...뿐.
371	仅仅	jǐn jǐn	단지. 다만. 겨우. 간신히. ...만. ...뿐.
372	尽量	jìn liàng	가능한 한. 될 수 있는 대로. 되도록. 최대한.
373	紧	jǐn	단단하다. 팽팽하다. (바짝) 죄다.
374	紧急	jǐn jí	긴급하다. 절박하다. 긴박하다.
375	紧张	jǐn zhāng	긴장해 있다. 불안하다. / 바쁘다. 긴박하다 / 긴장
376	进步	jìn bù	진보(하다). 진보적이다.
377	进一步	jìn yí bù	한 걸음 나아가다
378	进展	jìn zhǎn	진전하다. 전진하다. 진행하다.
379	近期	jìn qī	단기. 가까운 기일

380	京剧	jīng jù	경극
381	经济	jīng jì	경제
382	经历	jīng lì	경험, 체험 / 겪다. 경험하다. 체험하다.
383	经验	jīng yàn	경험
384	经营	jīng yíng	운영하다. 경영하다.
385	精彩	jīng cǎi	훌륭하다. 뛰어나다
386	精神	jīng shén	정신, 주요 의미, 요지.
387	精神	jīng shen	원기. 활력 기력. 정력/활기차다. 생기발랄하다
388	景色	jǐng sè	경기
389	警察	jǐng chá	경찰
390	静	jìng	조용하다. 고요하다.
391	久	jiǔ	오래다. (시간이) 길다 / 오랫동안
392	旧	jiù	낡다, 오래되다
393	救	jiù	구하다. 구제하다. 구조하다.
394	就是	jiù shì	그래 그래. 맞다 맞아
395	就业	jiù yè	취직하다. 취업하다.
396	举办	jǔ bàn	열다, 개최하다
397	具体	jù tǐ	구체적이다
398	具有	jù yǒu	가지고 있다. 구비하다
399	剧场	jù chǎng	극장
400	据说	jù shuō	말하는 바에 의하면. 듣건대.
401	决定	jué dìng	결정(하다)
402	决赛	jué sài	결승전
403	决心	jué xīn	결심(하다). 결의(하다). 다짐(하다).
404	绝对	jué duì	절대(의). 절대적(인). 아무런 조건도 없는. / 절대로. 반드시.
405	咖啡	kā fēi	커피
406	开发	kāi fā	개발하다. 개척하다.
407	开放	kāi fàng	개방적이다 / (봉쇄·금지령·제한 따위를) 해제하다.
408	开始	kāi shǐ	시작되다. 개시하다. 시작하다.
409	开业	kāi yè	개업하다
410	开展	kāi zhǎn	전개하다. 벌리다. 펼치다.
411	看起来	kàn qǐ lái	보면. 볼 것 같으면. 보아하니. 보기에.
412	看上去	kàn shàng qù	~ 해 보이다
413	考验	kǎo yàn	시험(하다). 시련(을 주다). 검증(하다).
414	科技	kē jì	과학 기술

415	可靠	kě kào	믿을 만하다. 믿음직하다. / 확실하다.
416	可乐	kě lè	콜라
417	克服	kè fú	극복하다.
418	客观	kè guān	객관(적이다).
419	课程	kè chéng	(교육) 과정. 커리큘럼(carri cu lu m).
420	空	kōng	텅 비다
421	空调	kòng tiáo	에어컨
422	恐怕	kǒng pà	아마…일 것이다. / 두려워하다, 염려하다 / 대체로. 대략
423	空儿	kòng er	(남아 있는) 여유 / 틈. 짬. 겨를.
424	裤子	kù zi	바지
425	快速	kuài sù	쾌속의. 속도가 빠른.
426	困	kùn	졸리다
427	困难	kùn nán	어려움, 문제 / 어렵다.
428	浪费	làng fèi	낭비하다
429	老百姓	lǎo bǎi xìng	평민. 백성. 국민. 대중. 일반인.
430	老板	lǎo bǎn	상점의 주인. 지배인. 주인.
431	老太太	lǎo tài tài	노마님, 노부인. 할머님.
432	老头儿	lǎo tóu er	늙은이, 노인
433	乐	lè	즐겁다. 기쁘다.
434	乐观	lè guān	낙관적이다.
435	类	lèi	종류. 같은 부류.
436	类似	lèi sì	유사하다. 비슷하다.
437	离婚	lí hūn	이혼(하다)
438	里面	lǐ miàn	안. 안쪽. 속. 내부
439	理发	lǐ fà	이발하다
440	理解	lǐ jiě	이해하다
441	理论	lǐ lùn	이론 / 의론하다. 시비를 논하다.
442	理由	lǐ yóu	이유
443	力	lì	힘
444	力量	lì liàng	힘, 역량. 능력.
445	立刻	lì kè	즉시, 바로
446	利用	lì yòng	이용하다
447	连	lián	연결하다, 잇다 /~조차도
448	连忙	lián máng	얼른, 재빨리. 급히. 바삐.
449	连续	lián xù	연속하다. 계속하다.

450	连续剧	lián xù jù	연속극. 연속 드라마.
451	联合	lián hé	연합하다. 결합하다.
452	联合国	lián hé guó	유엔
453	联系	lián xì	연락(하다).
454	凉水	liáng shuǐ	냉수. 찬물.
455	了	le	완결하다. 끝나다. 결말을 내다
456	领	lǐng	목. 목덜미. (옷의) 깃. 칼라.
457	领导	lǐng dǎo	지도자, 영도자 / 이끌다. 영도하다.
458	领先	lǐng xiān	선두에 서다. 앞서다
459	另外	lìng wài	별도의. 다른. 그 밖의. / 달리. 그밖에. 따로
460	另一方面	lìng yì fāng miàn	다른 한편으로는
461	留学	liú xué	유학하다
462	龙	lóng	용
463	录	lù	기록하다
464	录音	lù yīn	녹음(하다)
465	路线	lù xiàn	노선
466	旅馆	lǚ guǎn	여관
467	旅行社	lǚ xíng shè	여행사
468	绿茶	lǜ chá	녹차
469	乱	luàn	어지럽다, 혼란하다
470	落后	luò hòu	낙후되다. 뒤떨어지다.
471	麻烦	má fan	귀찮다, 성가시다, 번거롭다
472	马	mǎ	말
473	满足	mǎn zú	만족하다 / 만족시키다
474	慢慢	màn man	천천히
475	毛	máo	털
476	毛病	máo bìng	(개인의) 약점. 흠. 나쁜 버릇. 벽 / 결점, 고장. / 고장.
477	没用	méi yòng	쓸모가 없다
478	媒体	méi tǐ	매개물. 매개체. 매체
479	每	měi	매. 각. ...마다 / 늘. 항상.
480	美	měi	아름답다. 곱다. 예쁘다.
481	美好	měi hǎo	좋다. 훌륭하다. 행복하다. 아름답다.
482	美丽	měi lì	미려하다. 아름답다.
483	美食	měi shí	맛있는 음식
484	美术	měi shù	미술, 그림

485	美元	měi yuán	달러
486	迷	mí	헷갈리다. 갈피를 잡지 못하다. / 빠지다./ 애호가. 광
487	米	mǐ	쌀
488	面对	miàn duì	직접 대면하다. 직면하다. 마주보다.
489	面积	miàn jī	면적
490	民间	mín jiān	민간
491	民族	mín zú	민족
492	明确	míng què	명확하다
493	明显	míng xiǎn	분명하다. 뚜렷하다.
494	命运	mìng yùn	운명
495	某	mǒu	어느. 아무. 모.
496	母亲	mǔ qīn	모친. 어머니.
497	木头	mù tou	나무, 목재
498	目标	mù biāo	목표
499	目前	mù qián	지금, 현재
500	奶茶	nǎi chá	우유나 양유를 넣은 차. 밀크티.
501	男子	nán zǐ	남자
502	南部	nán bù	남부
503	难道	nán dào	설마...하겠는가? 그래...란 말인가?
504	难度	nán dù	난이도. 어려운 정도.
505	内	nèi	안. 안쪽. 속. 내부.
506	内容	nèi róng	내용
507	内心	nèi xīn	마음. 내심.
508	能不能	néng bù néng	할 수 있는지
509	能力	néng lì	능력
510	年初	nián chū	연초
511	年代	nián dài	연대. 시기. 시대.
512	年底	nián dǐ	세밑. 세모. 연말.
513	年纪	nián jì	나이, 연세
514	念	niàn	낭독하다. 읽다. 그리워하다.
515	牛	niú	소
516	农村	nóng cūn	농촌
517	农民	nóng mín	농민
518	农业	nóng yè	농업
519	女子	nǚ zǐ	여자

520	暖和	nuǎn huo	따뜻하다
521	怕	pà	무서워하다. 두려워하다.
522	拍	pāi	치다. (사진을) 찍다.
523	排	pái	줄 / 배열하다
524	排名	pái míng	이름을 순서에 따라 올리다.
525	牌子	pái zi	간판 / 브랜드
526	派	pài	파. 파별. 프벌. 분파. / 기풍. 스타일(style). 태도.
527	判断	pàn duàn	판단하다
528	胖	pàng	뚱뚱하다
529	跑步	pǎo bù	달리기
530	配	pèi	남녀가 결합하다. 결혼하다. / (동물을) 교배시키다.
531	配合	pèi hé	협동하다. 협력하다. 맞물리다.
532	批评	pī píng	비평하다
533	批准	pī zhǔn	허가하다. (조약을) 비준하다.
534	皮	pí	가죽
535	皮包	pí bāo	가죽 가방. 가방
536	啤酒	pí jiǔ	맥주
537	票价	piào jià	표값
538	评价	píng jià	평가하다
539	苹果	píng guǒ	사과
540	破	pò	찢다. 해지다. 파손되다. 부수다.
541	破坏	pò huài	파괴하다.
542	普遍	pǔ biàn	보편적이다, 일반적이다.
543	普及	pǔ jí	보급되다. 확산되다. 대중화시키다.
544	期	qī	기 / 기간
545	齐	qí	(같은 정도에) 이르다. 같다. / 가지런하다. 질서정연하다.
546	其次	qí cì	다음, 그 다음
547	其实	qí shí	(그러나) 사실은. 실제는.
548	奇怪	qí guài	이상하다
549	气候	qì hòu	기후
550	千万	qiān wàn	부디. 제발. 절대로. 꼭
551	前后	qián hòu	(어떤 시간의) 전후, 앞과 뒤
552	前进	qián jìn	전진하다
553	前面	qián miàn	(공간·장소 등의) 앞. 전면
554	前往	qián wǎng	나아가다. 가다. 향하여 가다.

555	强	qiáng	강하다
556	强大	qiáng dà	강대하다
557	强调	qiáng diào	강조하다
558	强烈	qiáng liè	강렬하다. 맹렬하다.
559	桥	qiáo	다리
560	巧	qiǎo	교묘하다. 공교하다.
561	亲	qīn	키스 / 친하다. 가깝다. 사이 좋다.
562	亲切	qīn qiè	친절하다
563	亲人	qīn rén	가족, 친척
564	亲自	qīn zì	직접, 몸소, 친히
565	情感	qíng gǎn	감정
566	情况	qíng kuàng	상황, 정황, 형편
567	请教	qǐng jiào	가르침을 청하다. 지도를 바라다. 물어보다.
568	庆祝	qìng zhù	경축하다
569	球迷	qiú mí	(야구·축구 등의) 구기광
570	区	qū	구별. 분별. / 지역. 지구. 지대.
571	区别	qū bié	구별하다, 식별하다
572	取消	qǔ xiāo	취소하다
573	去世	qù shì	돌아가다. 세상을 뜨다.
574	全场	quán chǎng	경기장 전체. 올 코트 / 전체 관객.
575	全面	quán miàn	전면적이다. 전반적이다.
576	全球	quán qiú	전 세계
577	缺	quē	파손되다. 부서지다.
578	缺点	quē diǎn	결함, 결점, 단점
579	缺少	quē shǎo	모자라다. 결핍하다.
580	确保	què bǎo	확보하다. 확실히 보증하다.
581	确定	què dìng	확정하다. 확인하다.
582	确实	què shí	확실하다, 틀림없다
583	裙子	qún zi	치마
584	群	qún	무리. 떼. / 군중. 대중. 뭇사람.
585	热爱	rè ài	(국가, 민족 등을)뜨겁게 사랑하다.
586	热烈	rè liè	열렬하다. 열정적이다.
587	人才	rén cái	인재
588	人工	rén gōng	인위적인. 인공의.
589	人类	rén lèi	인류

590	人民	rén mín	인민
591	人民币	rén mín bì	인민폐
592	人群	rén qún	사람의 무리. 군중
593	人生	rén shēng	인생
594	人员	rén yuán	인원, 요원
595	认出	rèn chū	식별하다. 분별하다.
596	认得	rèn dé	(주로 사람·길·글자 따위를) 알다
597	认可	rèn kě	승낙(하다). 인가(하다). 허락(하다).
598	任	rèn	담당하다. ...에 임하다.
599	任	rèn	임명하다. 맡기다.
600	任何	rèn hé	어떠한 (...라도).
601	任务	rèn wù	임무
602	仍	réng	(그대로) 따르다. 인하다. 인습하다.
603	仍然	réng rán	변함 없이. 여전히. 아직도. 원래대르.
604	日常	rì cháng	일상의, 일상적인
605	容易	róng yì	쉽다
606	如何	rú hé	어떻게. 어떤. 어떻게 하면. / 어떠냐. 어떠한가.
607	散步	sàn bù	산책하다
608	沙发	shā fā	소파
609	沙子	shā zi	모래
610	伤	shāng	상처 / 상하다. 다치다. 해롭다.
611	伤心	shāng xīn	상심하다. 슬퍼하다. 마음 아파하다.
612	商品	shāng pǐn	상품
613	商业	shāng yè	상업, 비즈니스
614	上来	shàng lái	(위로) 올라오다
615	上面	shàng miàn	위. 위쪽.
616	上去	shàng qù	올라가다
617	上升	shàng shēng	상승하다
618	上衣	shàng yī	상의
619	设备	shè bèi	설비, 시설
620	设计	shè jì	설계하다. 디자인하다.
621	设立	shè lì	(기구·조직 등을)설립하다. 건립하다. 세우다
622	社会	shè huì	사회
623	身份证	shēn fèn zhèng	신분증
624	深	shēn	깊다

625	深刻	shēn kè	인상이 깊다. 핵심을 찌르다. 본질을 파악하다.
626	深入	shēn rù	파고들다
627	升	shēng	오르다. 올라가다.
628	生（形）	shēng	생생하다
629	生产	shēng chǎn	생산하다. 생기다.
630	生存	shēng cún	생존(하다)
631	生动	shēng dòng	생동감 있다. 생생하다.
632	生命	shēng mìng	생명
633	生意	shēng yì	장사
634	生长	shēng zhǎng	자라다. 성장하다.
635	声明	shēng míng	성명하다. 공개적으로 선언하다.
636	胜	shèng	승리하다. 이기다.
637	胜利	shèng lì	승리(하다)
638	失去	shī qù	잃다. 잃어버리다.
639	石头	shí tou	돌
640	石油	shí yóu	석유
641	时	shí	시, 때. (정해진) 시간.
642	时代	shí dài	시대, 시기
643	时刻	shí kè	시각, 시간 / 시시각각, 늘
644	实际上	shí jì shang	사실상. 실제로
645	实力	shí lì	실력
646	实行	shí xíng	실시하다
647	实验	shí yàn	실험(하다)
648	实验室	shí yàn shì	실험실
649	食品	shí pǐn	식품
650	使	shǐ	파견하다. 사람을 보내다. / 쓰다. 사용하다. 써 버리다.
651	始终	shǐ zhōng	시종, 처음과 끝. 처음부터 한결같이.
652	世纪	shì jì	세기
653	世界	shì jiè	세계
654	世界杯	shì jiè bēi	월드컵
655	市场	shì chǎng	시장
656	事故	shì gù	사고
657	事件	shì jiàn	사건
658	事实	shì shí	사실
659	事实上	shì shí shàng	사실상. 실제

660	事业	shì yè	사업
661	试题	shì tí	시험 문제
662	试验	shì yàn	시험하다. 실험하다. 테스트하다.
663	适合	shì hé	적합하다, 알맞다, 적절하다.
664	适应	shì yìng	적응(하다). / 적합하다. 적당하다.
665	适用	shì yòng	적용하다. / 사용에 적합하다. 쓰기에 알맞다.
666	室	shì	기관·단체의 업무 단위로서의 실. 방.
667	收费	shōu fèi	비용을 받다. 비용. 요금. 납입금.
668	收看	shōu kàn	시청하다
669	收听	shōu tīng	듣다, 청취하다
670	收音机	shōu yīn jī	라디오
671	手续	shǒu xù	수속, 절차
672	手指	shǒu zhǐ	손가락
673	首都	shǒu dū	수도
674	首先	shǒu xiān	우선, 먼저
675	受	shòu	받다. 입다.
676	受伤	shòu shāng	상처를 입다. 부상당하다.
677	书架	shū jià	책꽂이
678	输	shū	지다, 패하다
679	输入	shū rù	입력하다
680	熟人	shú rén	잘 알고 있는 사람.
681	属	shǔ	같은 종류 / 속 / ...에 속하다.
682	属于	shǔ yú	(의 범위)에 속하다. ...에 소속되다.
683	束	shù	묶다. 개다. 동이다. / 묶음. 다발. 단.
684	数量	shù liàng	수량
685	双	shuāng	두. 쌍(의). 양쪽(의). 쌍방(의). 쌍. 짝수의.
686	双方	shuāng fāng	쌍방
687	思想	sī xiǎng	생각, 사상, 의식
688	死	sǐ	죽다
689	速度	sù dù	속도
690	随	suí	(...의 뒤를) 따르다. 따라가다.
691	所	suǒ	장소. 곳. 채. 동.
692	所长	suǒ zhǎng	소장
693	台	tái	대. 누대. 높고 평평한 건축물. / 대. 편. 회. 차례
694	谈	tán	말하다, 토론하다, 이야기하다

695	谈话	tán huà	(두 사람 이상이 함께) 담화하다. 이야기하다.
696	谈判	tán pàn	회담하다. 담판하다. 협상하다.
697	汤	tāng	뜨거운 물. 끓는 물.
698	糖	táng	사탕
699	特色	tè sè	특색, 특징
700	提前	tí qián	앞당기다
701	提问	tí wèn	질문하다
702	题目	tí mù	제목
703	体会	tǐ huì	(체험에서 얻은)느낌, 경험 / 체득하다.
704	体现	tǐ xiàn	구현하다. 체현하다.
705	体验	tǐ yàn	체험(하다)
706	天空	tiān kōng	하늘. 공중.
707	甜	tián	달다
708	调	diào	이동하다. 파견하다. / 악센트(accent). 어조
709	调整	tiáo zhěng	조정하다
710	跳	tiào	뛰다
711	跳高	tiào gāo	높이뛰기(하다).
712	跳舞	tiào wǔ	춤을 추다
713	跳远	tiào yuǎn	멀리뛰기(하다).
714	铁	tiě	철
715	铁路	tiě lù	철도
716	听力	tīng lì	청력, 듣기 능력
717	听众	tīng zhòng	청중, 청취자
718	停止	tíng zhǐ	정지하다, 멈추다
719	通常	tōng cháng	보통, 통상, 일반.
720	通信	tōng xìn	통신하다. 편지를 내다.
721	同意	tóng yì	동의하다
722	痛	tòng	아프다, 슬퍼하다. 가슴 아파하다
723	痛苦	tòng kǔ	고통, 아픔 / 고통스럽다.
724	头	tóu	머리
725	头脑	tóu nǎo	두뇌. 사고 능력.
726	突出	tú chū	뛰어나다. 두드러지다.
727	突然	tú rán	갑자기, 갑작스럽다. 돌연하다
728	图	tú	그림. 도표/계획하다. 도모하다
729	图画	tú huà	그림, 도화

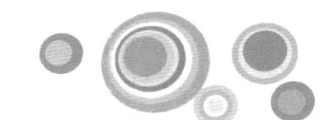

730	土	tǔ	흙, 토양
731	团	tuán	둥글다./단자. 경단.
732	团结	tuán jié	단결하다. 단합하다/화목하다.
733	团体	tuán tǐ	단체
734	推动	tuī dòng	밀고 나아가다. 추진하다. 촉진하다.
735	推广	tuī guǎng	널리 보급하다. 일반화하다.
736	推进	tuī jìn	추진하다[시키다].
737	推开	tuī kāi	밀어내다
738	退	tuì	물러나다. 물러서다.
739	退出	tuì chū	퇴출 / (조직 따위에서) 탈퇴하다.
740	退休	tuì xiū	퇴직하다
741	外交	wài jiāo	외교
742	外面	wài miàn	바깥. 밖. 겉면.
743	外文	wài wén	외국어
744	完美	wán měi	완벽하다. 매우 훌륭하다.
745	完善	wán shàn	완벽하게 하다. / 완벽하다. 완전하다.
746	完整	wán zhěng	온전하다. 온전하다. 완전무결하다.
747	玩具	wán jù	장난감, 완구
748	往往	wǎng wǎng	자주, 종종
749	危害	wēi hài	훼손, 손상, 해 / 해를 끼치다.
750	危险	wēi xiǎn	위험하다
751	为	wéi	하다. 행하다. 만들다.
752	为	wéi	…당하다. …에 의하여 …하게 되다.
753	围	wéi	둘러싸다, 에워싸다
754	伟大	wěi dà	위대하다
755	卫生	wèi shēng	위생
756	卫生间	wèi shēng jiān	화장실
757	为了	wèi le	~을 위하여
758	温暖	wēn nuǎn	따뜻하다. 온난하다.
759	文化	wén huà	문화
760	文件	wén jiàn	공문, 서류
761	文明	wén míng	문명. 문화. / 현대적인. 신식의
762	文学	wén xué	문학
763	文章	wén zhāng	글
764	文字	wén zì	문자, 글자

765	握手	wò shǒu	악수를 하다
766	屋子	wū zi	방
767	武器	wǔ qì	무기
768	武术	wǔ shù	무술
769	舞台	wǔ tái	무대
770	西部	xī bù	서부
771	希望	xī wàng	희망하다. 바라다
772	系	xì	학과, 계통
773	下来	xià lái	내려오다
774	下面	xià miàn	아래. 밑. / 다음.
775	下去	xià qù	내려가다
776	先进	xiān jìn	진보적이다. 선진적이다.
777	显得	xiǎn de	~하게 보이다. ...인 것처럼 보이다.
778	显然	xiǎn rán	분명하다. 뚜렷하다.
779	显示	xiǎn shì	뚜렷하게 나타내 보이다.
780	现场	xiàn chǎng	(사건이나 사고의) 현장.
781	现代	xiàn dài	현대
782	现金	xiàn jīn	현금
783	现实	xiàn shí	현실
784	现象	xiàn xiàng	현상
785	线	xiàn	실. 선. 줄.
786	相比	xiāng bǐ	~에 비하여
787	相当	xiāng dāng	같다. 상당하다. / 대등하다./ 상당히. 무척. 꽤.
788	相关	xiāng guān	상관되다. 관련되다. 관계하다.
789	相互	xiāng hù	서로
790	相似	xiāng sì	비슷하다. 닮다.
791	香	xiāng	(음식이) 맛있다. 향기롭다
792	香蕉	xiāng jiāo	바나나
793	消费	xiāo fèi	소비(하다)
794	消失	xiāo shī	소실하다. 없어지다.
795	消息	xiāo xī	뉴스, 소식
796	效果	xiào guǒ	효과
797	写作	xiě zuò	글을 짓다. 저작하다.
798	血	xiě	피, 혈액
799	心	xīn	마음

800	信	xìn	편지
801	信封	xìn fēng	봉투
802	信任	xìn rèn	신임, 신뢰 / 신임하다. 신뢰하다.
803	行李	xíng lǐ	여행짐. 행장. 수화물.
804	形成	xíng chéng	형성되다. 이루어지다.
805	形式	xíng shì	형식, 형태
806	形象	xíng xiàng	이미지, 인상, 형상 / 구체적이다
807	形状	xíng zhuàng	형상, 물체의 외관
808	幸福	xìng fú	행복(하다)
809	幸运	xìng yùn	운이 좋다. 행운이다.
810	性（积极性）	xìng (jī jí xìng)	~성(적극성)
811	性别	xìng bié	성별
812	性格	xìng gé	성격
813	修	xiū	수리하다, 고치다
814	修改	xiū gǎi	수정하다. 고치다.
815	需求	xū qiú	수요. 필요.
816	需要	xū yào	필요하다
817	宣布	xuān bù	선포하다. 공표하다. 선언하다. 발표하다.
818	宣传	xuān chuán	선전하다. 홍보하다.
819	选手	xuǎn shǒu	선수
820	学费	xué fèi	학비
821	训练	xùn liàn	훈련(하다)
822	压	yā	누르다. 안정시키다. 가라앉히다.
823	压力	yā lì	스트레스, 압력
824	烟	yān	연기, 담배
825	眼前	yǎn qián	눈앞. 현재.
826	演	yǎn	연기하다
827	演唱	yǎn chàng	노래하다
828	演唱会	yǎn chàng huì	음악회, 콘서트
829	演出	yǎn chū	공연하다, 연출하다.
830	演员	yǎn yuán	배우
831	羊	yáng	양 (동물)
832	阳光	yáng guāng	햇빛
833	要是	yào shi	만약…하면
834	衣架	yī jià	옷걸이

835	一切	yí qiè	일체, 전부
836	已	yǐ	이미, 벌써
837	以来	yǐ lái	이래, 동안
838	一方面	yì fāng miàn	일면. 한 방면. 한편으로 ...하면서[하다]
839	艺术	yì shù	예술
840	意外	yì wài	의외이다. 뜻밖이다. 예상 밖이다.
841	意义	yì yì	의의, 의미
842	因此	yīn cǐ	이 때문에, 그래서
843	银	yín	은
844	银牌	yín pái	은메달
845	印象	yìn xiàng	인상
846	应当	yīng dāng	~해야 하다.
847	迎接	yíng jiē	영접하다. 출영(出迎)하다.
848	营养	yíng yǎng	영양
849	赢	yíng	이기다
850	影视	yǐng shì	영화와 텔레비전.
851	应用	yìng yòng	응용하다. 활용하다.
852	优点	yōu diǎn	장점. 우수한 점.
853	优势	yōu shì	우세. 우위
854	由	yóu	원인. 이유. 유래. / ...때문이다.
855	由于	yóu yú	~때문에, ~로 인하여
856	邮件	yóu jiàn	메일
857	邮票	yóu piào	우표
858	邮箱	yóu xiāng	우편함
859	游	yóu	헤엄치다. 이리저리 다니다.
860	游戏	yóu xì	게임
861	游泳	yóu yǒng	수영하다
862	有的是	yǒu de shì	얼마든지 있다. 많이 있다. 숱하다.
863	有利	yǒu lì	유리하다
864	有效	yǒu xiào	유효하다
865	预报	yù bào	예보하다
866	预防	yù fáng	예방하다
867	预计	yù jì	미리 어림하다. 예상하다. 전망하다.
868	预习	yù xí	예습하다
869	员（服务员）	yuán (fú wù yuán)	~원(종업원)

870	员工	yuán gōng	직원과 노무자. 종업원
871	愿望	yuàn wàng	희망, 바람.
872	约	yuē	약속하다 / 약속. 계약. 협정.
873	乐队	yuè duì	악단 / 밴드
874	运输	yùn shū	운송하다. 운수하다.
875	杂志	zá zhì	잡지
876	早已	zǎo yǐ	훨씬 전에. 이미. 벌써부터.
877	造	zào	만들다. 짓다.
878	造成	zào chéng	만들다. 조성하다.
879	责任	zé rèn	책임
880	增加	zēng jiā	증가하다, 늘다
881	增长	zēng zhǎng	늘어나다. 높아지다. 증가하다.
882	展开	zhǎn kāi	펴다. 펼치다.
883	张	zhāng	열다. 펴다. 뻗다. / 늘어놓다. 진열하다.
884	照	zhào	(사진을) 찍다
885	者（志愿者）	zhě (zhì yuàn zhě)	자 (자원봉사자)
886	真实	zhēn shí	진실하다
887	争	zhēng	(무엇을 얻거나 이루려고) 다투다. 경쟁하다
888	争取	zhēng qǔ	쟁취하다. 얻다. 노력하여 목적을 달성하다.
889	整	zhěng	완전하다. 온전하다. 옹글다.
890	整个	zhěng gè	전체(의). 전부(의). 모두(의). 온.
891	整理	zhěng lǐ	정리하다
892	整齐	zhěng qí	가지런하다, 정연하다. 단정하다.
893	整体	zhěng tǐ	전체, 총체
894	整天	zhěng tiān	하루종일
895	整整	zhěng zhěng	옹근. 온전한. 꼭. 꼬박.
896	正	zhèng	곧다. 바르다. 똑바르다/(위치가) 중간의.
897	正式	zhèng shì	정식의, 공식의
898	证	zhèng	증거. 증서. 증명서. / 증명하다
899	证件	zhèng jiàn	증명 서류
900	证据	zhèng jù	증거
901	证明	zhèng míng	증명하다
902	支	zhī	(막대기 따위로) 괴다. 받치다. 버티다. / 갈래. / 자루
903	支持	zhī chí	지지하다
904	支付	zhī fù	지불하다. 지급하다.

905	只	zhǐ	단지, 다만, 오직
906	直	zhí	곧다. 똑바르다
907	直播	zhí bō	생방송하다
908	直到	zhí dào	쭉 ...에 이르다.
909	值	zhí	가치, 수치, 가격
910	值得	zhí dé	~할 만하다. ...할 만한 가치가 있다.
911	职工	zhí gōng	직원, 종업원
912	职业	zhí yè	직업
913	只好	zhǐ hǎo	할 수 없이
914	只是	zhǐ shì	다만. 오직. 오로지. / 그러나. 그런데.
915	只有	zhǐ yǒu	...해야만 (...이다). 오직. 오로지.
916	指	zhǐ	가리키다
917	指出	zhǐ chū	지적하다. 가리키다.
918	指导	zhǐ dǎo	지도하다.
919	至今	zhì jīn	지금까지. 오늘까지.
920	至少	zhì shǎo	최소한, 적어도
921	志愿	zhì yuàn	지원(하다). 희망(하다). 자원(하다).
922	志愿者	zhì yuàn zhě	지원자, 자원봉사자.
923	制定	zhì dìng	제정하다
924	制度	zhì dù	제도
925	制造	zhì zào	제조하다. 만들다.
926	制作	zhì zuò	만들다. 제작하다.
927	中部	zhōng bù	중부
928	中部民族	zhōng bù mín zú	중부 민족
929	终于	zhōng yú	마침내, 드디어, 결국
930	钟	zhōng	시계
931	种	zhǒng	종류
932	种子	zhǒng zǐ	종자. 씨(앗).
933	重大	zhòng dà	중대하다. 무겁고 크다.
934	周围	zhōu wéi	주위. 사방. 둘레.
935	猪	zhū	돼지
936	主持	zhǔ chí	주관하다. 책임지고 집행하다. / 주장하다.
937	主动	zhǔ dòng	능동적이다. 자발적이다. 적극적이다.
938	主任	zhǔ rèn	주임
939	主意	zhǔ yì	아이디어, 생각, 의견

940	主张	zhǔ zhāng	주장, 견해, 의견 / 주장하다.
941	注意	zhù yì	주의하다. 조심하다
942	祝	zhù	축하하다
943	抓	zhuā	붙잡다. 꽉 쥐다.
944	抓住	zhuā zhù	붙잡다
945	专家	zhuān jiā	전문가
946	专门	zhuān mén	전문 / 전문적으로. 오로지. 일부러.
947	专题	zhuān tí	특정한 제목. 전문적인 테마.
948	专业	zhuān yè	전공, 전문적이다.
949	转	zhuǎn	돌다. 회전하다.
950	转变	zhuǎn biàn	바뀌다. 전변하다.
951	状况	zhuàng kuàng	상황, 형편, 상태
952	状态	zhuàng tài	상태
953	追	zhuī	뒤쫓다. 뒤따르다. 따라잡다. 구애하다.
954	准	zhǔn	허락하다. 허가하다. / 본보기로 삼다. 준하다. / 표준. 기준.
955	资格	zī gé	자격
956	资金	zī jīn	자금
957	子女	zǐ nǚ	자녀
958	自从	zì cóng	…에서. …이래. …부터.
959	自动	zì dòng	자발적으로. 주체적으로.
960	自觉	zì jué	자각적이다 / 자각하다. 스스로 느끼다.
961	自然	zì rán	자연. 천연. / 저절로. 자연히. / 자연스럽다.
962	自身	zì shēn	자신. 본인.
963	自主	zì zhǔ	자주(하다)
964	总	zǒng	총괄하다. 종합하다. 모으다. / 전부의. 전면적인
965	总结	zǒng jié	총괄(하다). 총화(하다). 총결산(하다).
966	总是	zǒng shì	항상, 늘, 자주
967	足够	zú gòu	충분하다
968	足球	zú qiú	축구
969	组合	zǔ hé	조합(하다). 짜맞추다. 한데 묶다.
970	左右	zuǒ yòu	좌와 우. 곁/돕다. 보좌하다.
971	作品	zuò pǐn	작품
972	作者	zuò zhě	작자, 필자
973	做客	zuò kè	손님이 되다, 방문하다.

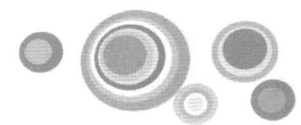

신 HSK 4급 필수 단어 1000

	중국어	발음	한국어
1	阿姨	ā yí	아주머니
2	啊	a	어. 감탄사
3	矮	ǎi	(키가) 작다. 낮추다.
4	矮小	ǎi xiǎo	왜소하다. 작달막하다. 나지막하다.
5	爱国	ài guó	애국하다
6	爱护	ài hù	잘 보살피다. 애호하다.
7	安	ān	안정되다. 편안하다.
8	安置	ān zhì	안치하다. 배치하다. 제 위치에 놓다.
9	按时	àn shí	규정된 시간에 따라, 제 때에
10	暗	àn	어둡다
11	暗示	àn shì	암시하다
12	巴士	bā shì	버스
13	百货	bǎi huò	백화. 여러 가지 상품이나 재화.
14	摆	bǎi	놓다. 벌여 놓다. 배열하다. 진열하다.
15	摆动	bǎi dòng	흔들거리다. 흔들다. 진동하다
16	摆脱	bǎi tuō	벗어나다. 빠져 나오다.
17	败	bài	지다
18	办事	bàn shì	일을 보다. 일을 처리하다. 사무를 보다.
19	包裹	bāo guǒ	소포/포장하다.
20	包含	bāo hán	포함하다. 참다.
21	包括	bāo kuò	포괄하다. 포함하다.
22	薄	báo	얇다
23	宝	bǎo	진귀한 것. 보물. 보배. / 진귀한. 귀중한.
24	宝宝	bǎo bao	아기.귀염둥이.
25	宝贝	bǎo bèi	귀염둥이/보물. 보배/귀여워하다.
26	宝贵	bǎo guì	귀중하다
27	宝石	bǎo shí	보석
28	保密	bǎo mì	비밀을 지키다.
29	保守	bǎo shǒu	보수적이다. 지키다. 고수하다.

30	抱	bào	안다. 포옹하다
31	背景	bèi jǐng	배경. 배후 세력. 배경. 빽.
32	倍	bèi	배. 곱절. 갑절.
33	被迫	bèi pò	강요당하다. 강요에 못 견디다. 할 수 없이 ...하다.
34	本科	běn kē	(학교의) 본과. (학교의) 주요 학과목.
35	笨	bèn	어리석다. 우둔하다. 멍청하다. 미련하다.
36	比分	bǐ fēn	(경기의) 득점. 스코어.
37	毕业	bì yè	졸업하다
38	毕业生	bì yè shēng	졸업생
39	避	bì	피하다
40	避免	bì miǎn	피하다. 모면하다.
41	编	biān	엮다. 짜다. 땋다. 곁다.
42	辩论	biàn lùn	변론(하다). 논쟁(하다). 토론(하다).
43	标志	biāo zhì	표지. 지표. / 상징하다. 명시하다.
44	表情	biǎo qíng	표정
45	表扬	biǎo yáng	칭찬하다
46	别	bié	이별하다 / 별개의. 다른. 딴. 별도의.
47	冰	bīng	얼음. / 차다. 차갑다.
48	冰箱	bīng xiāng	냉장고
49	冰雪	bīng xuě	얼음과 눈
50	兵	bīng	병사. 군인.
51	并	bìng	(하나로) 합치다. 통합하다/같이. 함께
52	不要紧	bú yào jǐn	괜찮다. 문제없다.
53	不在乎	bú zài hū	신경 안 쓰다. 염두에 두지 않다. 문제 삼지 않다.
54	不管	bù guǎn	...에 관계없이. ...을 막론하고.
55	不然	bù rán	그렇지 않다. 그렇지 않으면.
56	布置	bù zhì	안배(하다). 할당(하다). (적절히) 배치(하다). 배열(하다).
57	步行	bù xíng	걸어서 가다. 도보로 가다.
58	擦	cā	마찰하다. 비비다. 긋다
59	才	cái	겨우, 비로소
60	材料	cái liào	재료
61	财产	cái chǎn	재산. 자산.
62	财富	cái fù	부(富). 재산. 자원.
63	采访	cǎi fǎng	인터뷰하다. 탐방하다. 취재하다.
64	参考	cān kǎo	참고하다. 참조하다.

65	参与	cān yù	참여하다. 참가하다.
66	操场	cāo chǎng	운동장
67	操作	cāo zuò	조작하다
68	测	cè	측량하다. 측정하다. 재다
69	测量	cè liáng	측량(하다)
70	测试	cè shì	측정하다[시험하다, 테스트하다]. / 테스트. 시험
71	曾	céng	일찍이. 이전에. 이미.
72	茶叶	chá yè	차
73	产品	chǎn pǐn	생산품. 제품
74	长途	cháng tú	장거리. 먼 길
75	常识	cháng shí	상식. 일반 지식
76	唱片	chàng piàn	앨범
77	抄	chāo	베끼다. 베껴 쓰다. / 표절하다.
78	抄写	chāo xiě	베껴 쓰다.
79	潮	cháo	조수. 조류. / (사회적) 조류. 추세. / 습기 차다.
80	潮流	cháo liú	시대의 추세. 조류.
81	潮湿	cháo shī	습하다. 축축하다. 눅눅하다.
82	彻底	chè dǐ	철저하다. 철저히 하다.
83	沉	chén	무겁다
84	沉默	chén mò	침묵하다. 말이 적다.
85	沉重	chén zhòng	(무게·기분·부담 따위가) 무겁다
86	称赞	chēng zàn	칭찬(하다)
87	成人	chéng rén	성인 / 인재가 되다. / 어른이 되다.
88	诚实	chéng shí	성실(하다)
89	诚信	chéng xìn	성실. 신용. / 신용을 지키다.
90	承担	chéng dān	맡다. 담당하다.
91	承认	chéng rèn	인정하다. 승인하다.
92	承受	chéng shòu	받아들이다. 견뎌 내다.
93	程序	chéng xù	순서. 절차. 프로그램.
94	吃惊	chī jīng	놀라다
95	迟到	chí dào	지각하다
96	尺	chǐ	척. 길이의 단위.
97	尺寸	chǐ cùn	치수
98	尺子	chǐ zi	자/척도. 기준. 표본
99	冲	chōng	요충. 요로. 요지(要地)./돌진하다.

100	充电	chōng diàn	충전하다
101	充电器	chōng diàn qì	충전기
102	充分	chōng fèn	충분히 / 충분하다.
103	虫子	chóng zi	벌레
104	抽	chōu	뽑다
105	抽奖	chōu jiǎng	추첨하다 / 특별히 선발하여 상을 주다.
106	抽烟	chōu yān	담배를 피우다
107	出口	chū kǒu	말을 꺼내다. / (배가) 항구를 떠나다. / 출구
108	出色	chū sè	대단히 뛰어나다. 특별히 훌륭하다.
109	出售	chū shòu	판매하다
110	出席	chū xí	참석하다. 출석하다.
111	处于	chǔ yú	어떤 지위나 상태에 처하다.
112	处	chù	곳. 처소. 장소. 지점.
113	穿上	chuān shàng	입다
114	传统	chuán tǒng	전통 / 보수적이다. 전통적이다.
115	窗户	chuāng hu	창문
116	窗台	chuāng tái	창턱
117	窗子	chuāng zi	창
118	春季	chūn jì	봄
119	纯	chún	(티 없이) 깨끗하다. / 순수하다. 순...
120	纯净水	chún jìng shuǐ	정제수
121	词汇	cí huì	어휘
122	此	cǐ	이. 이 때.
123	此外	cǐ wài	이 밖에, 이 외에
124	次	cì	순서. 차례/제2의. 다음의. 두 번째의.
125	刺	cì	(바늘·가시 따위로) 찌르다. / 가시. 바늘.
126	刺激	cì jī	충격, (정신적)자극 / 자극하다. 북돋우다.
127	从此	cóng cǐ	이후로, 그로부터, 이로부터
128	粗	cū	굵다
129	粗心	cū xīn	소홀하다, 꼼꼼하지 못하다
130	促进	cù jìn	촉진하다
131	促使	cù shǐ	...도록 (재촉)하다. ...하게 하다.
132	促销	cù xiāo	판매를 촉진시키다.
133	措施	cuò shī	조치(하다). 대책. 시책(을 행하다).
134	打	dǎ	때리다. 치다. 두드리다.

135	答案	dá àn	답안. 해답.
136	打败	dǎ bài	쳐서 물리치다. 싸워서 이기다.
137	打雷	dǎ léi	천둥치다
138	打扫	dǎ sǎo	청소하다
139	打折	dǎ zhé	할인하다
140	打针	dǎ zhēn	주사를 놓다.
141	大巴	dà bā	대형 버스.
142	大多	dà duō	대부분. 거의 다.
143	大方	dà fāng	(언행이) 시원시원하다. 인색하지 않다.
144	大哥	dà gē	맏형. 장형.
145	大规模	dà guī mó	대규모의[로].
146	大会	dà huì	총회. 대회.
147	大姐	dà jiě	큰누이. 맏누이. 큰언니.
148	大楼	dà lóu	빌딩. 고층 건물.
149	大陆	dà lù	대륙
150	大妈	dà mā	백모(伯母). 큰어머니. 아주머님.
151	大型	dà xíng	대형(의)
152	大爷	dà yé	큰아버지. 백부
153	大众	dà zhòng	대중
154	代替	dài tì	대체하다. 대신하다.
155	待遇	dài yù	대우. 취급 / 대우하다.
156	袋	dài	부대. 자루. 주머니.
157	戴	dài	착용하다, 쓰다, 끼다
158	担保	dān bǎo	보증하다. 담보하다
159	担任	dān rèn	맡다. 담당하다. 담임하다.
160	担心	dān xīn	걱정하다
161	单	dān	홑의. 하나의.
162	单纯	dān chún	단순하다
163	单调	dān diào	단조롭다
164	单独	dān dú	단독(으로). 혼자서.
165	淡	dàn	싱겁다. 엷다. 희박하다.
166	导游	dǎo yóu	관광 안내원. 가이드. / (관광객을) 안내하다
167	导致	dǎo zhì	야기하다. (어떤 사태를) 초래하다[가져오다].
168	倒闭	dǎo bì	도산하다. 파산하다
169	倒车	dǎo chē	차를 바꿔 타다. 차를 갈아타다.

170	倒车	dào chē	차를 뒤로 몰다. 차를 후진시키다.
171	得意	dé yì	득의양양하다
172	得	děi	~해야 하다.
173	灯光	dēng guāng	불빛. 조명.
174	登	dēng	(사람이) 오르다. 올라가다.
175	登记	dēng jì	등록(하다). 등기(하다).
176	登录	dēng lù	등록하다. 기재하다. 등기하다. 로그인하다.
177	登山	dēng shān	등산(하다)
178	的确	dí què	확실히, 분명히. 정말. 참으로. 실로.
179	敌人	dí rén	적
180	底	dǐ	밑, 바닥.
181	地方	dì fang	곳, 장소
182	地面	dì miàn	지면. 바닥.
183	地位	dì wèi	지위, 위치
184	地下	dì xià	지하. 땅밑.
185	地址	dì zhǐ	주소
186	典型	diǎn xíng	전형(적이다).
187	点名	diǎn míng	출석을 부르다. 점호를 하다. 지명하다.
188	电灯	diàn dēng	전등
189	电动车	diàn dòng chē	전기자동차
190	电梯	diàn tī	엘리베이터
191	电源	diàn yuán	전원
192	顶	dǐng	(인체나 물체의) 꼭대기 / 머리에 이다.
193	定	dìng	정하다
194	冬季	dōng jì	겨울
195	动画片	dòng huà piàn	만화 영화
196	动摇	dòng yáo	동요하다. 흔들리다.
197	豆腐	dòu fu	두부
198	独立	dú lì	독립하다. 독자적으로 하다.
199	独特	dú tè	독특하다. 특수하다.
200	独自	dú zì	단독으로. 혼자서. 홀로.
201	堵	dǔ	막다. 틀어막다. 가로막다. / 답답해지다. 우울해지다.
202	堵车	dǔ chē	교통 체증.
203	肚子	dù zi	배
204	度过	dù guò	(시간을) 보내다. 지내다.

205	锻炼	duàn liàn	단련하다
206	对比	duì bǐ	대비하다. 대조하다.
207	对付	duì fu	대처하다. 다루다. 대응하다. 처리하다
208	对于	duì yú	...에 대한
209	多次	duō cì	여러 번. 자주.
210	多年	duō nián	몇 년 동안
211	多样	duō yàng	다양(하다)
212	多种	duō zhǒng	여러 가지. 다양한
213	恶心	ě xīn	구역질(이 나다). / 혐오감을 일으키다.
214	儿童	ér tóng	어린이. 아동.
215	而	ér	...(하)고(도).
216	而是	ér shì	그러나, 아니라
217	耳机	ěr jī	헤드폰
218	二手	èr shǒu	중고
219	发挥	fā huī	발휘하다
220	发票	fā piào	영수증
221	发烧	fā shāo	열이 나다
222	法	fǎ	법,법률
223	法官	fǎ guān	판사
224	法律	fǎ lǜ	법률
225	法院	fǎ yuàn	법원
226	翻	fān	뒤집다. (책을) 펴다. 펼치다.
227	翻译	fān yì	통역하다. 번역하다.
228	烦	fán	귀찮다
229	反	fǎn	반대 (방향)의. 거꾸로의.
230	反而	fǎn ér	오히려. 역으로. 그런데. 글쎄 말이지.
231	反映	fǎn yìng	반영(하다, 시키다).
232	方	fāng	사변형. 육면체. / 제곱. 자승. / 네모지다.
233	方案	fāng àn	방안
234	方针	fāng zhēn	방침
235	放松	fàng sōng	늦추다. 느슨하게 하다. 풀어주다.
236	非	fēi	과실. 잘못. 악행. / ...에 맞지 않다.
237	肥	féi	살지다. 지방분이 많다. 살집이 좋다.
238	分布	fēn bù	분포하다. 널려 있다.
239	分散	fēn sàn	분산(하다, 시키다). / 널리 배부[배포]하다.

240	分手	fēn shǒu	헤어지다. 이별하다.
241	分为	fēn wéi	(...으로) 나누다
242	...分之...	...fēn zhī...	...분의...
243	纷纷	fēn fēn	잇달아. 계속하여. / 분분하다. 어수선하게 많다.
244	奋斗	fèn dòu	분투하다
245	风格	fēng gé	스타일. 풍격
246	风景	fēng jǐng	풍경. 경치
247	风俗	fēng sú	풍속
248	封闭	fēng bì	폐쇄하다. 봉쇄하다.
249	否则	fǒu zé	만약 그렇지 않으면.
250	夫妇	fū fù	부부
251	夫妻	fū qī	부부. 남편과 아내
252	夫人	fū rén	부인, 사모님
253	符号	fú hào	기호. 표기.
254	符合	fú hé	부합하다. 맞다. 일치하다.
255	付出	fù chū	지출하다. 지불하다. 바치다. 들이다.
256	负担	fù dān	부담(하다). 책임(지다).
257	附近	fù jìn	부근, 근처
258	复制	fù zhì	복제(하다)
259	改善	gǎi shàn	개선(하다)
260	改正	gǎi zhèng	개정(하다). 시정(하다). 정정(訂正)(하다).
261	盖	gài	덮개, 뚜껑 / 덮다. 뒤덮다.
262	概括	gài kuò	개괄하다. 요약하다.
263	感兴趣	gǎn xìng qù	...에 관심을 갖다
264	高潮	gāo cháo	만조. (소설·연극·영화의) 클라이맥스. 절정.
265	高价	gāo jià	비싼 값. 고가.
266	高尚	gāo shàng	고상하다
267	高铁	gāo tiě	고속 철도
268	格外	gé wài	특별히, 각별히. 달리. 그 외에. 별도로.
269	隔	gé	막다. 격리하다. 차단하다.
270	隔开	gé kāi	막다. 가로 막다. 나누다. 분리하다.
271	个别	gè bié	개개(의). 개별적(인). / 일부의. 극소수의.
272	个体	gè tǐ	개체. 개인.
273	各个	gè ge	각개(의). 각각(의). 하나하나(씩).
274	根	gēn	뿌리

275	根据	gēn jù	근거하다. 의거하다. 따르다.
276	工程	gōng chéng	공사
277	公元	gōng yuán	서기. 서력 기원.
278	供应	gōng yìng	제공(하다). 공급(하다). 보급(하다).
279	共	gòng	함께. 같이. 공동으로. / 전부. 모두.
280	构成	gòu chéng	구성(하다). 형성(하다).
281	构造	gòu zào	구조 / (집 따위를) 짓다. (교량을) 가설하다.
282	购买	gòu mǎi	구매하다
283	购物	gòu wù	물건을 구입하다. 쇼핑하다.
284	骨头	gǔ tou	뼈
285	固定	gù dìng	결정된. 일정[불변]한. / 고정하다[시키다].
286	瓜	guā	박과 식물(의 과실).
287	怪	guài	이상하다. 괴상하다.
288	关	guān	닫다. 끄다.
289	关闭	guān bì	닫다. 문을 닫다.
290	关于	guān yú	~에 관하여. ...에 관한.
291	官	guān	관리. 벼슬아치. 공무원.
292	官方	guān fāng	정부 당국. 정부측.
293	光临	guāng lín	왕림(하다).
294	光盘	guāng pán	CD. 시디롬.
295	逛	guàng	산보하다. 한가롭게 거닐다.
296	归	guī	...가 맡아서 하다. ...담당하다. / 돌아오다. / 돌려주다.
297	规律	guī lǜ	법칙, 규율
298	规模	guī mó	규모
299	规则	guī zé	규칙, 규정
300	果实	guǒ shí	과실
301	过分	guò fèn	(말이나 행동이) 지나치다. 분에 넘치다. 과분이다.
302	海水	hǎi shuǐ	바닷물. 해수.
303	海鲜	hǎi xiān	해산물, 해물
304	含	hán	(입에) 물다. 포함하다. 함유하다.
305	含量	hán liàng	함량
306	含义	hán yì	(글자·단어·말 등의) 함의. 내포된 뜻.
307	含有	hán yǒu	함유(하다)
308	寒假	hán jià	겨울 방학
309	寒冷	hán lěng	한랭하다. 몹시 춥다.

310	行业	háng yè	업무. 직업.
311	航班	háng bān	(비행기나 배의) 운행표. 취항 순서.
312	航空	háng kōng	항공.
313	毫米	háo mǐ	밀리미터(mm).
314	毫升	háo shēng	밀리리터
315	好友	hǎo yǒu	친한 친구
316	号码	hào mǎ	번호
317	好	hǎo	좋다.
318	合同	hé tóng	계약(서)
319	黑暗	hēi àn	어둡다. 깜깜하다.
320	红包	hóng bāo	세뱃돈. / (특별) 상여금. 보너스.
321	后头	hòu tou	이후, 장래 / 뒤, 뒤쪽 / 그 뒤에
322	厚	hòu	두껍다.
323	呼吸	hū xī	호흡(하다)
324	忽视	hū shì	소홀히 하다. 경시하다. 주의하지 않다.
325	户	hù	가문. 문벌. 집안. / 집. 가정. 세대. 호.
326	护士	hù shì	간호사
327	花	huā	쓰다 / (명)꽃
328	划	huá	물을 헤치다. (배를) 젓다.
329	划	huà	(금을) 긋다. 가르다. 나누다. 구분하다.
330	怀念	huái niàn	그리워하다. 그리다. 생각하다.
331	怀疑	huái yí	회의하다. 의심을 품다. 의심하다.
332	缓解	huǎn jiě	(정도가) 완화되다. 풀어지다.
333	黄瓜	huáng guā	오이
334	黄金	huáng jīn	황금
335	回复	huí fù	(주로 편지로) 회답(하다).
336	汇	huì	물이 한 곳으로 모이다./ 한데 모으다. 집결하다.
337	汇报	huì bào	상황을 종합하여 상사 또는 대중에게 보고하다. / 보고.
338	汇率	huì lǜ	환율
339	婚礼	hūn lǐ	결혼식, 혼례
340	火	huǒ	불 / 무기. 탄약. / 긴급하다. 절박하다.
341	伙	huǒ	동료. 친구. 동무. / 무리. 패. 떼.
342	伙伴	huǒ bàn	동료, 친구, 동반자
343	或许	huò xǔ	아마, 어쩌면
344	货	huò	돈. 화폐. / 물품. 상품. 화물.

345	获	huò	획득하다. 얻다. / 잡다. 붙잡다.
346	获得	huò dé	획득하다. 얻다.
347	获奖	huò jiǎng	상을 받다.
348	获取	huò qǔ	얻다. 획득하다.
349	几乎	jī hū	거의. 하마터면.
350	机构	jī gòu	기구. 기계의 내부 구조나 장치.
351	机遇	jī yù	(좋은) 기회. 찬스.
352	积累	jī lěi	(조금씩) 쌓이다. 누적하다. 축적하다.
353	激动	jī dòng	(감정이) 격하게 움직이다. 감격하다. 감동하다. 흥분하다.
354	激烈	jī liè	격렬하다. 치열하다. / (성격·감정이) 격하다. 격앙하다.
355	及格	jí gé	합격하다
356	极	jí	지구의 양극 / (명)정점. 절정. 최고도. / 극하다. 다하다.
357	极其	jí qí	지극히. 매우.
358	即将	jí jiāng	곧. 머지않아. 불원간.
359	急忙	jí máng	급하다. 바쁘다. 분주하다.
360	集合	jí hé	집합하다. 모이다.
361	记载	jì zǎi	기재하다. 기록하다.
362	纪律	jì lù	규율. 기율. 기강.
363	技巧	jì qiǎo	기교. 기예. 테크닉.
364	系	xì/jì	학과. 계통. 계열. / 맺다. 묶다. 매다.
365	季	jì	계. 철. 계절. 절기. 시기.
366	季度	jì dù	분기.
367	季节	jì jié	계절.
368	既	jì	마치다. 끝나다. 다하다. / 이미. 벌써
369	既然	jì rán	이미 이렇게 된 바에야. 기왕 그렇게 된 이상.
370	寄	jì	(우편으로) 부치다. 보내다.
371	加班	jiā bān	야근하다
372	加入	jiā rù	(집어) 넣다. 더하다. 첨가하다. / 가입하다. 참가하다.
373	加油站	jiā yóu zhàn	주유소
374	家务	jiā wù	집안일
375	假如	jiǎ rú	가령, 만약, 만일.
376	坚固	jiān gù	견고하다. 튼튼하다. / 견고하게 하다. 굳히다.
377	检测	jiǎn cè	검사·측정하다.
378	减	jiǎn	빼다. 덜다. 감하다. 줄이다. / 낮아지다. 줄다. 떨어지다.
379	减肥	jiǎn féi	체중을 줄이다. 살을 빼다. 다이어트하다.

380	减少	jiǎn shǎo	감소하다. 줄다
381	简历	jiǎn lì	이력서, 약력.
382	健身	jiàn shēn	몸을 튼튼히[건강하게] 하다.
383	渐渐	jiàn jiàn	점점. 점차.
384	江	jiāng	강
385	讲究	jiǎng jiù	중히 여기다. 소중히 하다.
386	讲座	jiǎng zuò	강좌
387	奖	jiǎng	상. 상장 · 상품 · 상금 등.
388	奖金	jiǎng jīn	상금. 장려금. 상여금. 보너스.
389	奖学金	jiǎng xué jīn	장학금
390	降	jiàng	떨어지다. 내리다.
391	降低	jiàng dī	낮추다. 내리다. 인하하다. 절하하다. 내려가다.
392	降价	jiàng jià	값을 내리다. 값이 내려가다.
393	降落	jiàng luò	낙하하다. 강하하다. 착륙하다.
394	降温	jiàng wēn	온도를 내리다. 기온이 내려가다.
395	交换	jiāo huàn	교환(하다)
396	交际	jiāo jì	교제(하다)
397	教授	jiào shòu	교수
398	教训	jiào xùn	꾸짖다. 교훈하다. 가르치고 타이르다.
399	阶段	jiē duàn	단계. 계단.
400	街道	jiē dào	거리. 가도.
401	节省	jié shěng	아끼다. 절약하다.
402	结	jié	매다. 묶다. 엮다. / 매듭 / (하나로) 엉기다. 응결하다.
403	结构	jié gòu	구성. 구조. 조직. 짜임새.
404	结论	jié lùn	결론. 단안.
405	姐妹	jiě mèi	자매. 여자 형제. 형제자매. 동기.
406	解释	jiě shì	해석하다. 해설하다. 변명하다. / 해석. 해명.
407	尽快	jǐn kuài	되도록 빨리
408	紧密	jǐn mì	긴밀하다. 굳다. 밀접하다.
409	尽力	jìn lì	힘을 다하다.
410	进口	jìn kǒu	수입하다. / 입항(入港)하다. / 입구
411	近代	jì dài	근대. 근세. / 자본주의 시대.
412	禁止	jìn zhǐ	금지(하다)
413	经典	jīng diǎn	경전, 고전 / (종교의 교리를 설파하는) 경전.
414	精力	jīng lì	정력.

415	竟然	jìng rán	뜻밖에도. 의외로. 놀랍게도. /결국. 마침내.
416	镜头	jìng tóu	렌즈. / (영화의) 컷 신(cu t scene). / 장면. 화면.
417	镜子	jìng zi	거울
418	究竟	jiū jìng	결말. 일의 귀착. 결과. / 도대체. 대관절.
419	酒吧	jiǔ bā	술집. 바.
420	居民	jū mín	거민. 주민.
421	居住	jū zhù	거주하다. 살다.
422	局	jú	바둑[장기]판 / 형세. 형편. 정세.
423	巨大	jù dà	거대하다.
424	具备	jù bèi	갖추다. 구비하다.
425	距离	jù lí	거리. 간격. / (...로부터) 떨어지다. 사이를 두다.
426	聚	jù	모이다. 모으다. 집합하다.
427	聚会	jù huì	회합. 모임. 집회. / 모이다. 회합하다.
428	卷	juǎn	말다. 감다. / 말아서 둥글게 한 것. / 말아 올리다.
429	卷	juàn	책. 서적. / 권. / 답안지. 해답 용지.
430	角色	jué sè	역할. 배역. 인물. 명사.
431	开花	kāi huā	꽃을 피다.
432	开水	kāi shuǐ	끓는 물
433	看不起	kàn bù qǐ	경시하다. 얕보다.
434	看来	kàn lái	보기에. 보니까. 보아하니.
435	看望	kàn wàng	방문하다. 문안하다. 찾아가 보다[뵙다].
436	考察	kǎo chá	고찰하다. 정밀히 관찰하다. 현지 조사하다.
437	考虑	kǎo lǜ	고려(하다)
438	棵	kē	그루, 포기. 식물을 세는 단위.
439	可见	kě jiàn	~을 볼(알) 수 있다.
440	空间	kōng jiān	공간. 우주 공간.
441	空	kōng	텅 비다. / 내용이 없다. 공허하다. 헛되다. / 비우다
442	口袋	kǒu dài	포켓 주머니
443	口语	kǒu yǔ	구어
444	苦	kǔ	쓰다. / 고생스럽다. 고통스럽다.
445	会计	kuài jì	회계. 회계원. / 회계하다.
446	快递	kuài dì	속달. 택배.
447	宽	kuān	넓다. /너그럽다. 관대하다. / 폭. 너비.
448	宽广	kuān guǎng	넓다
449	矿泉水	kuàng quán shuǐ	광천수. 미네랄워터.

450	扩大	kuò dà	넓히다. 늘리다. 확대하다.
451	扩展	kuò zhǎn	확장하다. 신장하다.
452	括号	guā hào	(수학에서의) 괄호.
453	垃圾	lā jī	쓰레기. 오물.
454	拉开	lā kāi	당겨서 열다. 떼어 놓다. 갈라 놓다.
455	辣	là	맵다. / 매운 맛.
456	来不及	lái bu jí	시간이 맞지 않다. 미치지 못하다. 손쓸 틈이 없다.
457	来得及	lái dé jí	늦지 않다.
458	来源	lái yuán	(사물의) 내원. 근원. 출처.
459	老公	lǎo gōng	남편
460	老家	lǎo jiā	고향. 원적.
461	老婆	lǎo pó	마누라. 처.
462	老实	lǎo shi	정직하다. 성실하다. / 온순하다. 얌전하다.
463	乐趣	lè qù	즐거움. 재미.
464	泪	lèi	눈물
465	泪水	lèi shuǐ	눈물
466	类型	lèi xíng	유형
467	冷静	lěng jìng	냉정하다. 침착하다. / 침착[냉정]하게 하다.
468	厘米	lí mǐ	센티미터(cm)
469	离不开	lì bù kāi	떨어질 수 없다. 떨어지지 못하다.
470	力气	lì qi	(육체적인) 힘. 완력. 체력.
471	历史	lì shǐ	역사. / 이력(履歷). 개인의 경력. / 과거의 사실.
472	立即	lì jí	즉시, 곧
473	利息	lì xī	이자
474	利益	lì yì	이익, 이득
475	俩	liǎ	두 개. 두 사람. / 두세 개. 몇 개. 조금. 얼마쯤.
476	良好	liáng hǎo	양호하다. 좋다.
477	量	liáng	추측하다. 재다.
478	粮食	liáng shí	식량. 양식.
479	两边	liǎng biān	양변. 양측. 양가. 양쪽. 쌍방.
480	疗养	liáo yǎng	요양(하다).
481	了不起	liǎo bù qǐ	보통이 아니다. 뛰어나다. 놀랍다. 굉장하다.
482	了解	liǎo jiě	알다. 이해하다. / 조사하다. 알아보다.
483	列	liè	줄. 대열. / 늘어놓다. 배열하다.
484	列车	liè chē	열차

485	列入	liè rù	집어넣다. 끼워 넣다.
486	列为	liè wèi	(어떤 부류에) 속하다. 들다.
487	临时	lín shí	그때가 되다. 때에 이르다. / 임시. 잠시.
488	零食	líng shí	군음식. 간식.
489	流传	liú chuán	(사적·작품 따위가) 유전하다. 세상에 널리 퍼지다.
490	楼梯	lóu tī	(층집의) 계단. 층계.
491	陆地	lù dì	육지. 뭍.
492	陆续	lù xù	끊임없이. 계속하여. 잇따라.
493	录取	lù qǔ	합격시키다. 뽑다. (시험으로)합격하다.
494	律师	lǜ shī	변호사
495	轮	lún	바퀴 / (순서에 따라) 교대로 하다. 차례가 되다.
496	轮船	lún chuán	(증)기선
497	轮椅	lún yǐ	휠체어
498	轮子	lún zi	바퀴
499	论文	lùn wén	논문
500	落	luò	(물체가) 떨어지다. (해가) 지다. / 하락하다. 낮아지다.
501	毛巾	máo jīn	수건. 타월.
502	毛衣	máo yī	스웨터
503	帽子	mào zi	모자 / 죄명 또는 악평의 레테르. 딱지.
504	没错	méi cuò	맞다. 틀림이 없다
505	没法儿	méi fǎ er	불가능하다. 결코 할 수 없다. / 그 이상일 수 없다.
506	没想到	méi xiǎng dào	생각지 못하다. 뜻밖이다
507	美金	měi jīn	달러
508	美女	měi nǚ	미녀
509	梦	mèng	꿈 / 꿈꾸다
510	梦见	mèng jiàn	꿈에 보다. 꿈꾸다.
511	梦想	mèng xiǎng	꿈
512	秘密	mì mì	비밀 / 은밀하다.
513	秘书	mì shū	비서. 비서의 직무.
514	密	mì	(관계가) 가깝다. 친하다. / 비밀(의). / 가깝다. 빽빽하다.
515	密码	mì mǎ	암호. 비밀 번호. 비밀 전보 코드.
516	密切	mì qiè	밀접하다. 긴밀하다. / 세심하다. 꼼꼼하다.
517	免费	miǎn fèi	무료로 하다.
518	面临	miàn lín	(문제·상황에) 직면하다. 당면하다. 앞에 놓여 있다.
519	面试	miàn shì	면접시험(하다).

520	描述	miáo shù	묘사(하다). 기술[서술](하다).
521	描写	miáo xiě	묘사하다. / 덧그려 베끼다. 본떠 그리다.
522	名牌儿	míng pái er	유명브랜드
523	名片	míng piàn	명함
524	名人	míng rén	유명한 사람
525	摸	mō	만지다
526	模特儿	mó tè ér	모델
527	模型	mó xíng	견본. 모델. 모형. 주형
528	末	mò	~말
529	默默	mò mò	묵묵하다. 아무 말 없이 잠잠하다.
530	哪怕	nǎ pà	설령. 가령. 비록.
531	哪	nǎ	어느. 어떤. 어디. / 어느 것.
532	男女	nán nǔ	남자와 여자. 남녀
533	男士	nán shì	성년 남자.
534	难免	nán miǎn	면하기 어렵다. 불가피하다. 피할 수 없다.
535	脑袋	nǎo dai	뇌. 골. 머리. / 두뇌. 지능.
536	闹	nào	떠들썩하다. 시끄럽다. / 떠들다. 소란을 피우다.
537	闹钟	nào zhōng	자명종. 알람.
538	内部	nèi bù	내부
539	内科	nèi kē	내과
540	能干	néng gàn	능력이 뛰어나다. 유능하다. 재능이 있다.
541	宁静	níng jìng	(환경·마음 따위가) 편안하다. 조용하다. 평온하다.
542	浓	nóng	(농도가) 진하다. 짙다. / (정도가) 깊다. 강렬하다.
543	女士	nǔ shì	학식 있는 여자. 숙녀. / 여사. 부인.
544	暖气	nuǎn qì	난방 / 따뜻한 기체. 온기.
545	拍照	pāi zhào	사진을 찍다
546	排列	pái liè	배열하다. 정렬하다. / 순열.
547	牌	pái	간판. / 상표. / 일종의 오락용품.
548	盘	pán	큰 접시 / 빙빙 돌다. 둘둘 감다.
549	盘子	pán zi	접시
550	胖子	pàng zi	뚱뚱보. 뚱뚱이.
551	培训	péi xùn	(기술자·전문 간부 등을) 훈련·양성하다.
552	培训班	péi xùn bān	학원
553	培养	péi yǎng	배양하다. / 양성하다. 키우다.
554	培育	péi yù	기르다. 재배하다. / (사람이나 우의 따위를) 기르다.

555	批（动）	pī	손바닥으로 찰싹 갈기다. / 깎아 내다. 배제하다
556	批（量）	pī	무더기. 무리
557	片面	piàn miàn	한쪽. 일방. 편면. 단편. / 단편적이다. 일방적이다.
558	品质	pǐn zhí	품성. 소질. 인품.
559	平方	píng fāng	제곱, 평방
560	平静	píng jìng	(상황·환경 따위가) 평온하다. 평정하다. / 차분하다.
561	平均	píng jūn	평균하다. 균등히 하다. 고르게 하다. / 균등(한). 평균
562	平稳	píng wěn	평온하다. 안정되어 있다. 편안하다.
563	迫切	pò qiè	절실하다. 절박하다.
564	破产	pò chǎn	파산하다. 도산하다. / 파산. 파탄. 도산.
565	妻子	qī zi	아내와 자식. / 아내.
566	期待	qí dài	기대(하다)
567	期间	qí jiān	기간
568	期末	qí mò	기말. 학기말.
569	期限	qí xiàn	기한. 예정된 시한
570	期中	qí zhōng	학기 중간의. 학기중의
571	其余	qí yú	나머지, 남은 것
572	企业	qǐ yè	기업
573	气球	qì qiú	풍선
574	汽水	qì shuǐ	사이다
575	汽油	qì yóu	휘발유, 가솔린
576	器官	qì guān	(생물체의) 기관.
577	前头	qián tou	앞
578	前途	qián tú	전도. 앞길. 전망.
579	浅	qiǎn	얕다. 좁다.
580	巧克力	qiǎo kè lì	초콜릿
581	切	qiè	끊다. 자르다.
582	亲爱	qīn ài	사랑하다. 친애하다.
583	亲密	qīn mì	친밀하다. 사이가 좋다.
584	青春	qīng chūn	청춘
585	轻松	qīng sōng	(일 따위가) 수월하다. 가볍다. / (기분이) 홀가분하다.
586	轻易	qīng yì	수월하게. 간단하게/ 함부로. 쉽사리. / 간단하다
587	清醒	qīng xǐng	(머릿속이) 맑고 깨끗하다. 뚜렷하다. 분명하다.
588	情景	qíng jǐng	광경. 정경. 장면.
589	穷	qióng	가난하다. 궁하다.

590	穷人	qióng rén	가난한 사람
591	秋季	qiū jì	가을
592	趋势	qū shì	추세. 경향. / 시세에 순응하다.
593	圈	quān	고리. 환. 테. / 둘러싸다. 테를 두르다. 포위하다.
594	权利	quán lì	권리. 권세와 재력
595	却	què	도리어, 오히려, 그러나
596	确认	què rèn	확인(하다)
597	然而	rán ér	그렇지만. 그러나. 그런데.
598	燃料	rán liào	연료, 에너지
599	燃烧	rán shāo	연소(하다)
600	热闹	rè nào	번화하다. 벅적벅적하다. 왁자지껄하다.
601	热心	rè xīn	친절하다. 온화하다. 마음이 따뜻하다.
602	人家	rén jiā	다른 사람. / 나
603	日记	rì jì	일기. 일지.
604	日历	rì lì	일력. 달력.
605	如今	rú jīn	현재, 이제, 오늘날
606	弱	ruò	약하다. 허약하다. / 나이가 어리다. 젊다.
607	伞	sǎn	우산
608	散	sàn	흩어지다. 분산하다. / (흩)뿌리다. 나누어주다. 퍼지다.
609	扫	sǎo	(비 따위로) 쓸다. 소제하다. / 없애다. 제거하다
610	色	sè	색. 안색.
611	色彩	sè cǎi	색채. 경향. 편향.
612	森林	sēn lín	삼림.
613	晒	shài	햇볕에 갈리다. 햇볕을 쬐다. / 햇볕이 내리쬐다.
614	闪	shǎn	번개. / 날쌔게 피하다. 재빨리 비키다.
615	闪电	shǎn diàn	번개
616	善良	shàn liáng	선량하다. 착하다.
617	善于	shàn yú	...에 능숙하다. ...를 잘하다. / 능숙하게. 교묘하게.
618	伤害	shāng hài	상해하다. 손상시키다. 해치다.
619	商务	shāng wù	상업상의 용무(사무). 상무. 상업에 관한 일.
620	赏	shǎng	상(을 주다). 상품(을 주다). 상여(하다).
621	上个月	shàng gè yuè	지난 달
622	上楼	shàng lóu	계단을 오르다. / 한 단계 발전하다.
623	上门	shàng mén	방문하다. 찾아뵙다. / 문을 잠그다[닫다].
624	烧	shāo	태우다. 불사르다. / 가열하다. 끓이다. (밥을) 짓다.

梦想中国语 词汇

625	设施	shè shī	시설. 시책. / 조치를 취하다.
626	设置	shè zhì	설치하다. 설립하다. / 장치하다. 설치하다.
627	申请	shēn qǐng	신청(하다)
628	身材	shēn cái	몸매, 체격
629	身份	shēn fèn	신분, 지위. / 품위. 지체.
630	身高	shēn gāo	신장. 키.
631	深厚	shēn hòu	(감정이) 깊고 두텁다. / (기초가) 단단하다
632	神话	shén huà	신화. 황당무계한 말.
633	神秘	shén mì	신비(하다)
634	甚至	shèn zhì	심지어. ...까지도. ...조차도
635	失败	shī bài	실패(하다). 패배(하다).
636	失望	shī wàng	실망하다. 희망을 잃다.
637	失业	shī yè	직업을 잃다. 실업하다. / 본업에 매진하지 않다.
638	诗	shī	시. 시경.
639	诗人	shī rén	시인
640	湿	shī	질벅하다. 축축하다. 습하다. / 적시다.
641	实施	shí shī	실시하다.
642	实用	shí yòng	실제로 쓰다[사용하다]. / 실용(적이다).
643	食堂	shí táng	식당. 구내 식당.
644	使劲	shǐ jìn	힘을 쓰다.
645	士兵	shì bīng	병사, 사병
646	市区	shì qū	시가 지역. 시내 지역.
647	似的	shì de	비슷하다. (마치) ...과 같다.
648	事物	shì wù	사물
649	事先	shì xiān	사전
650	试卷	shì juàn	시험지
651	是否	shì fǒu	...인지 아닌지.
652	收回	shōu huí	회수하다. 되찾다. / (의견·제의·명령 등) 취소 철회하다.
653	收获	shōu huò	성과, 수확. / (농작물을) 거두어들이다. 수확하다
654	收益	shōu yì	수익·이득·수입(을 올리다).
655	手工	shǒu gōng	수공, 손으로 하는 공예. / 손으로 하다.
656	手里	shǒu lǐ	손. 수중. / 호주머니 사정. 재정 상태.
657	手术	shǒu shù	수술(하다) / 방법. 수단. 수법.
658	手套	shǒu tào	장갑
659	守	shǒu	지키다. 수비하다. / 곁에서 돌보다. 간호하다.

660	首	shǒu	머리. / 수령. 우두머리. 지도자. / 최고의. 제일의.
661	受不了	shòu bù liǎo	참을 수 없다, 견딜 수 없다
662	售货员	shòu huò yuán	점원, 판매원
663	叔叔	shū shu	숙부. 아저씨. 시동생.
664	舒适	shū shì	쾌적하다. 편하다.
665	熟练	shú liàn	숙련되어 있다. 능숙하다.
666	暑假	shǔ jià	여름 방학. 여름 휴가.
667	树林	shù lín	수풀. 숲.
668	树叶	shù yè	나뭇잎.
669	数据	shù jù	데이터.
670	数码	shù mǎ	디지털
671	刷	shuā	솔. 브러시. / 솔로 닦다. 솔질을 하다.
672	刷牙	shuā yá	이를 닦다. 칫솔.
673	刷子	shuā zi	솔. 귀얄.
674	帅	shuài	군대의 최고 지휘관. / 통솔하다. 인솔하다.
675	帅哥	shuài gē	잘 생긴 남자
676	率先	shuài xiān	앞장서다. 솔선하다. / 우선
677	睡着	shuì zhe	잠들다. 잠이 들다.
678	顺序	shùn xù	순서, 차례. / 차례차례로. 순서대로.
679	说不定	shuō bú dìng	…일지도 모른다. 아마 …일 것이다.
680	说服	shuō fú	설득(하다). 설득하다. 납득시키다.
681	思考	sī kǎo	사고(하다). 사색(하다). 사유(하다). 숙고(하다).
682	似乎	sì hū	마치 (…인 것 같다[듯하다]).
683	松	sōng	느슨하다. 헐겁다. / 소나무.
684	松树	sōng shù	소나무
685	塑	sù	빚다. 소조(塑造)하다.
686	塑料袋	sù liào dài	비닐봉지
687	酸	suān	산. / 시다.
688	酸奶	suān nǎi	요구르트
689	随手	suí shǒu	…하는 김에 …하다. / 손이 가는 대로 하다.
690	孙女	sūn nǚ	손녀
691	孙子	sūn zi	손자. 자손. / 손자뻘 되는 놈. 꼬마. 애송이.
692	缩短	suō duǎn	(길이·거리·시간 따위를) 단축하다. 줄이다.
693	缩小	suō xiǎo	축소하다. 줄이다.
694	台阶	tái jiē	층계, 계단.

695	台上	tái shàng	무대 위. 단상 위.
696	躺	tǎng	눕다.
697	套餐	tào cān	(조화를 잘 맞춘) 세트 음식.
698	特价	tè jià	특가
699	特殊	tè shū	특수하다. 특별하다..
700	特征	tè zhēng	특징. / 특별히 소집하다. 특별히 부름을 받다.
701	提供	tí gōng	제공하다
702	提醒	tí xǐng	일깨우다, 깨우치다
703	体操	tǐ cāo	체조
704	体检	tǐ jiǎn	신체 검사
705	体重	tǐ zhòng	체중
706	替	tì	대신하다. 대신해주다. / ...을 위하여. ...때문에.
707	替代	tì dài	대신하다. 대체하다.
708	天真	tiān zhēn	천진하다. 순진하다. / 유치하다. 단순하다.
709	填	tián	채우다. 메우다. 막다. / (공석·결손 따위를) 보충하다.
710	填空	tián kòng	괄호를 채우다. 빈 자리[직위]를 메우다.
711	挑	tiāo	고르다. 선택하다.
712	挑选	tiāo xuǎn	선택하다. 고르다.
713	调皮	tiáo pí	장난치다. 까불다. / 요령을 부리다.
714	挑	tiāo	선택하다. 고르다.
715	挑战	tiǎo zhàn	도전(하다)
716	贴	tiē	붙이다. / 바짝 붙다. 아주 가깝게 달라붙다. / 보조금
717	停下	tíng xià	그치다
718	挺	tǐng	꼿꼿하다. 굳고 곧다. 빳빳하다. / 곧게 펴다.
719	通知书	tōng zhī shū	통지서
720	同情	tóng qíng	동정(하다). / 찬성(하다). 공감(하다).
721	童话	tóng huà	동화
722	童年	tóng nián	어린 시절. 어릴 적.
723	统计	tǒng jì	통계[합산](하다).
724	统一	tǒng yī	통일(하다). / 일치한. 단일한. 통일적인.
725	痛快	tòng kuài	마음껏 즐기다./ 통쾌하다. 즐겁다./(성격이) 시원스럽다.
726	投	tóu	던지다. 투척하다. / 집어넣다. 투입하다.
727	投入	tóu rù	뛰어들다. 참가하다. / 투입하다. 넣다.
728	投诉	tóu sù	고소하다. 소송하다
729	投资	tóu zī	투자하다 / 투자(금).

번호	단어	병음	뜻
730	透	tòu	스며들다. 침투하다. 뚫(고 들어오)다. / (비밀이) 새다.
731	透明	tòu míng	투명하다. (사람이) 순수하다.
732	图案	tú àn	도안
733	途中	tú zhōng	도중
734	土地	tǔ dì	토지. 땅. 영토. 국토.
735	推迟	tuī chí	미루다. 연기하다.
736	推销	tuī xiāo	판로를 확장하다. 널리 팔다.
737	脱	tuō	(털이) 빠지다. (피부가) 벗어지다. / 벗다.
738	袜子	wà zi	양말
739	外汇	wài huì	외화. 외환). 외국환.
740	外交官	wài jiāo guān	외교관
741	外套	wài tào	외투. 오버코트.
742	弯	wān	굽히다. / 굽다. 구불구불하다. 구부러져 있다.
743	晚点	wǎn diǎn	제시간에 늦다. 연발[연착]하다.
744	万一	wàn yī	만일, 만약. / 만 분의 일. 극히 적은 것.
745	王	wáng	왕. 군주. / 우두머리. 수령.
746	网络	wǎng luò	네트워크. / 망상 조직[계통].
747	网址	wǎng zhǐ	웹 사이트 주소
748	微笑	wéi xiào	미소(하다).
749	微信	wēi xìn	위챗
750	围巾	wéi jīn	목도리, 스카프
751	维持	wéi chí	(기계 따위를) 간수 수리하다. 보수하다./ 수리. 수선
752	维护	wéi hù	지키다. 유지하고 보호하다.
753	维修	wéi xiū	(기계 등을) 간수 수리하다.
754	尾巴	wěi bā	꼬리 / (물건의) 꼬리 부분. 후미. 끝부분.
755	未必	wèi bì	반드시 ...한 것은 아니다. 꼭 그렇다고 할 수 없다.
756	未来	wèi lái	미래 / 멀지 않은 장래. 조만간
757	位于	wèi yú	~에 위치하다
758	位置	wèi zhì	위치. 지위.
759	味儿	wèi er	냄새. 맛. 재미. 흥취.
760	喂	wèi	여보세요. 어이.
761	稳	wěn	확고하다. 안정되다. / 진정시키다. 가라앉히다.
762	稳定	wěn dìng	안정하다. 가라앉다. 변동이 없다.
763	问候	wèn hòu	안부를 묻다. 문안 드리다.
764	无	wú	없다 / ...이 아니다. ...하지 않다.

765	无法	wú fǎ	(…할) 방법이[도리가] 없다. …할 수 없다
766	无聊	wú liáo	지루하다. 심심하다. / 뻔뻔스럽다.
767	无论	wú lùn	…에도 불구하고]. …에 관계없이.
768	无数	wú shù	무수하다. 매우 많다.
769	无所谓	wú suǒ wèi	상관없다. 아랑곳없다. / 말할 수 없다.
770	无限	wú xiàn	한없다. 무한하다. 끝없다.
771	五颜六色	wǔ yán liù sè	여러 가지 빛깔. 가지각색.
772	误会	wù huì	오해(하다)
773	西瓜	xī guā	수박
774	吸	xī	들이마시다. 들이쉬다. 빨아들이다. / 흡수하다.
775	吸管	xī guǎn	빨대
776	吸收	xī shōu	받아들이다. 흡수하다. 섭취하다.
777	吸烟	xī yān	담배를 피우다
778	吸引	xī yǐn	흡인하다. 빨아 당기다. 끌어당기다. 매료시키다.
779	喜爱	xǐ ài	좋아하다. . 애호하다. 호감을 가지다. 사랑하다.
780	系列	xì liè	계열. 시리즈.
781	系统	xì tǒng	계통. 체계. 시스템 / 계통적이다. 체계적이다.
782	细	xì	가늘다. / (소리가) 약하다[가늘다].
783	细节	xì jié	자세한 사정. 세부. 사소한 부분.
784	细致	xì zhì	정교하다. 세밀하다. 정밀하다.
785	下个月	xià gè yuè	다음 달
786	下降	xià jiàng	하강하다. 내려앉다. / 줄어들다. 떨어지다.
787	下楼	xià lóu	(위층·계단 따위에서) 내려가다.
788	下载	xià zài	다운로드하다
789	夏季	xià jì	여름(철). 하계. 하기.
790	鲜	xiān	신선하다. 싱싱하다.
791	鲜花	xiān huā	신선한 꽃. 생화.
792	鲜明	xiān míng	(색채가) 선명하다. / (사물의 구별이) 명확하다.
793	咸	xián	짜다. / 전부. 모두.
794	显著	xiǎn zhù	현저하다. 뚜렷하다. 두드러지다.
795	县	xiàn	현. 지방 행정구획의 단위로, 성(省) 밑에 속함.
796	限制	xiàn zhì	제한. 한정. 한계. / 제약하다. 제한하다.
797	相处	xiāng chǔ	함께 살다. 함께 지내다.
798	相反	xiāng fǎn	상반되다. 반대되다.
799	箱	xiāng	상자. 트렁크. 궤.

번호	단어	병음	뜻
800	箱子	xiāng zi	상자. 궤짝. 트렁크.
801	想念	xiǎng niàn	그리워하다
802	想象	xiǎng xiàng	상상(하다)
803	项	xiàng	목(덜미). / 가지. 항. 조목. 조항. 단위.
804	项目	xiàng mù	항목. 사항.
805	相片	xiàng piàn	사진
806	消化	xiāo huà	소화(하다)
807	销售	xiāo shòu	팔다. 판매하다.
808	小吃	xiǎo chī	간단한 음식. 스낵 / (음식점에서 파는) 명절 음식.
809	小伙子	xiǎo huǒ zi	젊은이. 총각.
810	小型	xiǎo xíng	소형의. 소규모의.
811	效率	xiào lǜ	효율. 능률.
812	些	xiē	조금. 약간.
813	心理	xīn lǐ	심리. / 심리 (상태). 기분.
814	新郎	xīn láng	신랑
815	新娘	xīn niáng	신부
816	新鲜	xīn xiān	신선하다. 싱싱하다.
817	新型	xīn xíng	신형. 신식.
818	兴奋	xīng fèn	흥분하다. 감격하다. / 흥분시키다. / 흥분. 자극.
819	形容	xíng róng	형용하다. 묘사하다. / 형상. 용모.
820	形势	xíng shì	상황. 형편. 지세.
821	型	xíng	본. 모형. / 유형. 모양. 양식.
822	型号	xíng hào	사이즈. 형.
823	醒	xǐng	(취기·마취 따위가) 깨다. / 잠에서 깨다.
824	兴趣	xìng qù	흥미, 취미. / 의향. 의욕.
825	性质	xìng zhì	천성. 성질. 성격.
826	兄弟	xiōng dì	형과 동생. 형제.
827	胸部	xiōng bù	흉부. 가슴.
828	修理	xiū lǐ	수리하다. 수선하다. / 고통을 겪게 하다.
829	选择	xuǎn zé	선택하다. / 셀렉팅
830	学分	xué fēn	학점. 성적. 점수.
831	学年	xuénián	학년
832	学时	xué shí	수업 시간. 교시
833	学术	xué shù	학술
834	学问	xué wèn	학문. 학식. 지식.

835	寻找	xún zhǎo	찾다
836	迅速	xùn sù	신속하다. 재빠르다.
837	牙	yá	이
838	牙刷	yá shuā	칫솔
839	亚运会	yà yùn huì	아시안 게임
840	呀	ya	아! 야! [놀람을 나타냄]
841	延长	yán cháng	연장(하다)
842	延期	yán qí	연기하다
843	延续	yán xù	계속(하다). 연장(하다).
844	严	yán	치밀하다. 엄격하다. / 아버지. 부친.
845	严格	yán gé	엄격하다. 엄하다. / 엄격히 하다. 엄하게 하다.
846	严重	yán zhòng	중대하다. 심각하다. 모질다.
847	研究	yán jiū	연구(하다) / 고려(하다). 논의(하다). 검토(하다).
848	研究生	yán jiū shēng	연구생. 대학원생.
849	研制	yán zhì	연구 제작[제조]하다.
850	盐	yán	소금. 염.
851	眼镜	yǎn jìng	안경
852	眼泪	yǎn lèi	눈물
853	眼里	yǎn lǐ	눈 속. 안중
854	演讲	yǎn jiǎng	강연(하다). 연설(하다).
855	阳台	yáng tái	발코니. 베란다.
856	养成	yǎng chéng	양성하다. 키우다. 기르다
857	腰	yāo	허리. / 바지의 허리 부분.
858	摇	yáo	(좌우로) 흔들다. 흔들어 움직이다.
859	药物	yào wù	약
860	要	yào	중요하다. 귀중하다./ 요점. 관건. 중요한 내용. / 요구
861	业余	yè yú	여가의. 근무 시간 외의. / 아마추어의. 초심자의.
862	叶子	yè zi	잎
863	医疗	yī liáo	의료
864	医学	yī xué	의학
865	依靠	yī kào	의존하다. 의지하다. 기대다.
866	依然	yī rán	의연하다. 전과 다름이 없다.
867	一律	yí lǜ	일률적이다. 한결같다. / 예외 없이. 모두.
868	一再	yí zài	몇번이나. 수차. 거듭. 반복하여.
869	一致	yí zhì	일치(하다)

870	移	yí	이동하다. 움직이다. 옮기다.
871	移动	yí dòng	이동(하다).
872	移民	yí mín	이민한 사람 / 이민하다.
873	遗产	yí chǎn	유산
874	遗传	yí chuán	유전(하다)
875	疑问	yí wèn	의문
876	以及	yǐ jí	및. 그리고. 아울러. /…까지.
877	以内	yǐ nèi	이내
878	一般来说	yì bān lái shuō	일반적으로 (말하면).
879	义务	yì wù	의무. / 무보수(의). 봉사(의).
880	议论	yì lùn	의론하다. 비평하다. / 의론. 논의. 시비. 물의.
881	引	yǐn	끌다. 잡아당기다. / 이끌다.
882	引导	yǐn dǎo	안내하다. / 인도하다. 이끌다.
883	引进	yǐn jìn	(사람·자금·기술·장비 따위를) 끌어들이다. 도입하다.
884	引起	yǐn qǐ	(주의를) 끌다. 야기하다. (사건 등을) 일으키다.
885	应	yīng	응답하다. 대답하다. / 응하다. 허락하다. 인정하다.
886	英勇	yīng yǒng	영용하다. 영특하고 용맹하다.
887	营业	yíng yè	영업(하다)
888	赢得	yíng dé	이기다. 승리를 얻다. / 얻다. 획득하다.
889	影子	yǐng zi	그림자. 희미하게 보이는 현상.
890	勇敢	yǒng gǎn	용감하다
891	勇气	yǒng qi	용기
892	用途	yòng tú	용도
893	优良	yōu liáng	우량하다. 우수하다. 훌륭하다.
894	优美	yōu měi	우아하고 아름답다. / 우미. 뛰어나게 아름다움.
895	优秀	yōu xiù	뛰어나다. 우수하다.
896	邮局	yóu jú	우체국
897	有劲儿	yǒu jìn er	(늠름하고) 힘이 있다. / 효과가 있다.
898	有趣	yǒu qù	재미있다
899	有限	yǒu xiàn	유한하다. 한계가 있다.
900	幼儿园	yòu ér yuán	유치원, 유아원
901	于是	yú shì	그래서. 이리하여. 그리하여.
902	语法	yǔ fǎ	어법. 문법. / 문법 연구. 용어 연구. 용어법.
903	语音	yǔ yīn	말소리. 언어의 음성. / 구어음
904	玉	yù	옥

梦想中国语 词汇

905	玉米	yù mǐ	옥수수
906	预测	yù cè	예측(하다)
907	预订	yù dìng	예약[주문](하다).
908	遇	yù	조우하다. 상봉하다. 만나다. / 기회.
909	遇到	yù dào	만나다. 마주치다.
910	遇见	yù jiàn	만나다. 조우하다.
911	原料	yuán liào	원료. 감. 소재.
912	原则	yuán zé	원칙
913	圆	yuán	둥글다. / 원. / 공과 같은 모양.
914	圆满	yuán mǎn	원만하다. 완벽하다. 훌륭하다. 충분하다.
915	约会	yuē huì	만날 약속을 하다. / 만날 약속.
916	月底	yuè dǐ	월말
917	阅读	yuè dú	열독하다. 읽다. 열람하다.
918	运动会	yùn dòng huì	운동회
919	运动员	yùn dòng yuán	운동원
920	运气	yùn qì	운명. 운세. 운수. / 운이 좋다. 행운이다.
921	运用	yùn yòng	운용(하다). 활용(하다). 응용(하다).
922	再三	zài sān	재삼. 여러 번.
923	在乎	zài hū	마음에 두다. 신경쓰다./...에 있다. ...에 달려 있다.
924	在于	zài yú	...에 있다. ...에 달려 있다.
925	赞成	zàn chéng	찬성(하다).
926	赞赏	zàn shǎng	상찬하다. 높이 평가하다
927	赞助	zàn zhù	찬조하다. 지지하다. 협찬하다.
928	造型	zào xíng	(만들어 낸 물체의) 이미지. 형상. 조형.
929	战斗	zhàn dòu	전투(하다).
930	战胜	zhàn shèng	싸워 이기다. 승리를 거두다. 이겨내다.
931	战士	zhàn shì	전사
932	战争	zhàn zhēng	전쟁
933	丈夫	zhàng fū	성년 남자. 대장부. 사나이. 남편.
934	招呼	zhāo hū	인사하다. / 부르다. 손짓하여 부르다.
935	着	zhe	...하고 있다. ...하고 있는 중이다.
936	着火	zháo huǒ	불나다. / 발화하다. 착화하다.
937	着急	zhāo jí	조급해하다. 안달하다. 안타까워하다. 초조해 하다.
938	召开	zhào kāi	(회의 따위를) 열다[소집하다].
939	折	zhé	꺾다. 끊다. 자르다. 부러뜨리다. / 손해 보다. 밑지다.

940	针	zhēn	바늘
941	针对	zhēn duì	겨누다. 견주다. 대하다. 맞추다.
942	阵	zhèn	진지. 진영. / 짧은 시간. 잠시 동안. 한때. 한동안.
943	争论	zhēng lùn	쟁론(하다). 논쟁(하다).
944	征服	zhēng fú	정복하다.
945	征求	zhēng qiú	널리 구하다. 모집하다.
946	政府	zhèng fǔ	정부
947	政治	zhèng zhì	정치
948	之后	zhī hòu	…후. …뒤. …다음. / 그 후. 그 뒤. 그 다음.
949	之间	zhī jiān	사이
950	之前	zhī qián	…의 앞. …의 전.
951	之一	zhī yī	…중의 하나
952	支	zhī	(막대기 따위로) 괴다. 받치다. / 뻗다. 내밀다 / 자루
953	植物	zhí wù	식물
954	指挥	zhǐ huī	지휘(하다). / 지휘자.
955	制订	zhì dìng	창안 제정하다. 만들어 정하다.
956	质量	zhì liàng	품질. 질량.
957	治	zhì	다스리다. 관리하다.
958	治疗	zhì liáo	치료하다
959	智力	zhì lì	지력
960	智能	zhì néng	지능
961	中介	zhōng jie	중개. 매개.
962	种类	zhǒng lèi	종류
963	中奖	zhòng jiǎng	(복권 따위에) 당첨되다.
964	种	zhǒng	종. 종류.
965	种植	zhòng zhí	심다. 재배하다.
966	重量	zhòng liàng	무게, 중량
967	逐步	zhú bù	점차, 한 걸음 한 걸음
968	逐渐	zhú jiàn	점차. 차츰차츰. 점점.
969	主题	zhǔ tí	주제
970	主席	zhǔ xí	(회의 따위의) 의장. / 주석. 위원장
971	祝福	zhù fú	축복(하다).
972	著名	zhù míng	저명하다. 유명하다.
973	著作	zhù zuò	저서. 저작(하다).
974	抓紧	zhuā jǐn	꽉 쥐다. 단단히 잡다.

975	专心	zhuān xīn	전심하다. 몰두하다. 전념하다. 열중하다.
976	转动	zhuàn dòng	회전하다. 돌리다. 회전시키다.
977	转告	zhuǎn gào	전달하다. 전언하다.
978	转身	zhuǎn shēn	몸을 돌리다. 돌아서다.
979	转弯	zhuǎn wān	모퉁이를 돌다.
980	转移	zhuǎn yí	전이하다. 옮기다. 이동시키다.
981	装修	zhuāng xiū	(집의) 내장 공사. 내부 장치. 내부 설비.
982	装置	zhuāng zhì	장치. 설비/달다. 설치하다. 장치하다.
983	追求	zhuī qiú	추구하다. 탐구하다.
984	准时	zhǔn shí	정확한 시간. 정각.
985	资料	zī liào	자료
986	资源	zī yuán	자원
987	自	zì	자기. 자신/몸소. 친히. 스스로.
988	自信	zì xìn	자신(하다).
989	字母	zì mǔ	자모
990	综合	zōng hé	종합(하다)
991	总共	zǒng gòng	합쳐서. 모두. 전부
992	总理	zǒng lǐ	총리
993	总统	zǒng tǒng	대통령, 총통
994	总之	zǒng zhī	총괄적으로 말해서. 요컨대. 한마디로 말하면.
995	阻止	zǔ zhǐ	저지하다. 가로막다.
996	嘴巴	zuǐ bā	입, 볼. 뺨
997	最初	zuì chū	최초. 처음. 맨 먼저. 맨 처음.
998	作出	zuò chū	하다. 만들어 내다. 해내다.
999	作为	zuò wéi	성과를[성적을] 내다/소행. 행위.
1000	做梦	zuò mèng	꿈을 꾸다.

 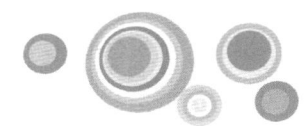

신 HSK 5급 필수 단어 1071

	중국어	발음	한국어
1	安慰	ān wèi	위로하다, 안위하다.
2	岸	àn	해안, 기슭
3	岸上	àn shàng	해변, 둔덕 위
4	按摩	àn mó	안마하다. 마사지하다.
5	拔	bá	뽑다, 빼다, (독기 따위를) 빨아내다
6	白酒	bái jiǔ	백주, 배갈
7	拜访	bài fǎng	삼가 방문하다, 예방하다, 예를 갖추어 방문하다
8	版	bǎn	판, 인쇄물의 인쇄 출판 횟수
9	扮演	bàn yǎn	…역을 맡아 하다. 출연하다.
10	棒	bàng	좋다, 막대기, 몽둥이
11	包围	bāo wéi	포위하다. 에워싸다. 둘러싸다.
12	包装	bāo zhuāng	(물건을) 포장하다.
13	保卫	bǎo wèi	보위하다.
14	保养	bǎo yǎng	수리하다. 정비하다. 보수하다. 손질하다.
15	报答	bào dá	보답하다. 은혜를 갚다.
16	报警	bào jǐng	경찰에 긴급 사태를 알리다.
17	抱怨	bào yuàn	원망하다, 원망을 품다
18	背包	bèi bāo	배낭, 가방
19	悲剧	bēi jù	비극, 비참한 일
20	悲伤	bēi shāng	비통하다, 슬프다
21	北极	běi jí	북극
22	被动	bèi dòng	피동적이다, 수동적이다.
23	辈	bèi	세대, 한평생
24	本人	běn rén	(1인칭의) 나. 본인.
25	鼻子	bí zi	코, (기물의) 코
26	比方	bǐ fāng	비유하다. 예를 들다, 예컨대
27	比重	bǐ zhòng	비중
28	彼此	bǐ cǐ	서로. 피차. 상호. 쌍방. 양쪽
29	必	bì	반드시. 꼭. 틀림없이

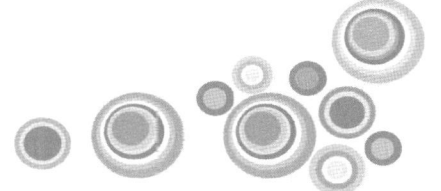

30	必需	bì xū	필수, 꼭 필요로 하다
31	毕竟	bì jìng	드디어. 필경. 결국
32	闭幕	bì mù	폐막하다
33	闭幕式	bì mù shì	폐막식
34	边境	biān jìng	국경 지대. 변경. 변방.
35	编辑	biān jí	편집자. 편집인
36	编辑	biān jí	편집하다, 편찬하다
37	变动	biàn dòng	변동, 이동, 변경
38	便利	biàn lì	편리하다
39	便条	biàn tiáo	메모. 쪽지
40	便于	biàn yú	(...하기에) 쉽다. ...에 편하다.
41	宾馆	bīn guǎn	(시설이 좋고 큰) 여관, 호텔
42	饼	bǐng	병, 둥글넓적한 모양의 물건
43	饼干	bǐng gān	과자, 비스킷
44	病毒	bìng dú	바이러스, 병원체. 병균
45	玻璃	bō lí	유리, 유리처럼 투명한 물건
46	博客	bó kè	블로그
47	博览会	bó lǎn huì	박람회
48	博士	bó shì	박사, 박식한 사람
49	博物馆	bó wù guǎn	박물관
50	薄弱	bó ruò	박약하다. 취약하다. 약하다.
51	不顾	bú gù	고려하지 않다, 감안하지 않다, ~에 불구하다
52	不利	bú lì	불리하다, 순조롭지 못하다
53	不耐烦	bú nài fán	못 참다, 귀찮다.
54	不幸	bú xìng	불행하다
55	不易	bú yì	쉽지 않다, 변하지 않다
56	补偿	bǔ cháng	(손실, 손해를) 보충하다.
57	补贴	bǔ tiē	보조금, 수당
58	不曾	bù céng	한 적이 없다
59	不得了	bù dé liǎo	(정도가) 심하다, 큰일났다, 야단났다
60	不敢当	bù gǎn dāng	감당하기 어렵습니다.(상대방의 초대나 칭찬 등
61	不良	bù liáng	불량하다
62	不免	bù miǎn	면할 수 없다. 피치 못하다.
63	不能不	bù néng bù	...하지 않을 수 없다, ...하지 않고는 못 배기다
64	不时	bù shí	자주. 늘. 종종.

梦想中国语 词汇

65	不停	bù tíng	서지 않다, 멈추지 않다
66	不许	bù xǔ	하면 안 된다, 허락되지 않다.
67	不止	bù zhǐ	멈추지 않다, 그치지 않다.
68	不足	bù zú	부족하다, 모자라다.
69	部位	bù wèi	부위, 주로 인체에 사용함
70	猜	cāi	추측하다, 알아맞히다, 의심하다
71	猜测	cāi cè	추측, 추량
72	裁判	cái pàn	심판하다, 재판하다
73	采购	cǎi gòu	(주로 기관·기업 등에서) 구입하다, 구매하다
74	彩票	cǎi piào	복권.
75	餐馆	cān guǎn	레스토랑, 식당
76	餐厅	cān tīng	레스토랑, 식당
77	餐饮	cān yǐn	음식, 식사와 음료
78	草原	cǎo yuán	초원, 풀밭
79	册	cè	책자, 책 / 권. 책
80	层次	céng cì	단계, 순서, 차등.
81	叉	chā	손으로 틀어잡아[졸라] 밀쳐내다
82	叉子	chā zi	양식용 포크
83	差别	chā bié	차이, 차별
84	差距	chā jù	차이, 격차
85	插	chā	꽂다. 끼우다. 삽입하다.
86	查询	chá xún	문의, 조회
87	差（一）点儿	chà (yì) diǎn er	조금 다르다, 조금 차이가 나다, 하마터면
88	拆	chāi	헐다. 해체하다. (붙여 놓은 것을) 뜯다.
89	拆除	chāi chú	(건축물 따위를) 뜯어 없애다
90	产业	chǎn yè	산업, 토지·가옥 따위의 부동산
91	长度	cháng dù	길이
92	长寿	cháng shòu	장수, 오래 살다
93	肠	cháng	배알. 밸. 장
94	尝	cháng	맛보다
95	尝试	cháng shì	시도해 보다, 테스트해 보다.
96	厂长	chǎng zhǎng	공장장
97	场面	chǎng miàn	(연극·영화·TV 드라마 등의) 장면, 정황, 상황
98	倡导	chàng dǎo	앞장서서 제창하다, 창도하다. 선도하다.
99	超越	chāo yuè	넘다. 넘어서다. 뛰어넘다.

100	车主	chē zhǔ	차주, 차의 주인
101	称	chēng	칭하다. 부르다. 일컫다
102	称号	chēng hào	(주로 영광스런) 칭호. 호칭.
103	成本	chéng běn	원가. 자본금.
104	成交	chéng jiāo	거래가 성립하다. 매매가 성립되다.
105	成效	chéng xiào	효능. 효과.
106	成语	chéng yǔ	성어
107	承办	chéng bàn	청부[도급] 맡아 처리하다
108	城里	chéng lǐ	시내
109	乘	chéng	타다, (기회 따위를) 이용하다
110	乘车	chéng chē	차를 타다
111	乘客	chéng kè	승객
112	乘坐	chéng zuò	(탈것에) 타다
113	吃力	chī lì	힘들다. 고달프다.
114	池子	chí zi	못, 욕조, (옛날의) 무대
115	迟	chí	늦다, 느리다
116	冲动	chōng dòng	충동, 격해지다
117	冲突	chōng tú	(모순의 표면화로) 충돌하다. 싸우다. 부딪치다.
118	充足	chōng zú	충분하다. 충족하다
119	愁	chóu	걱정하다, 근심
120	丑	chǒu	밉다. 못생기다
121	臭	chòu	(냄새가) 구리다
122	出版	chū bǎn	출판하다. 출간하다.
123	出差	chū chāi	출장하다
124	出汗	chū hàn	땀이 나다
125	出于	chū yú	기 때문에, …에서 나오다
126	初期	chū qí	초기, 첫 시기
127	除非	chú fēi	~한다면 몰라도, 오직 ~하여야
128	除夕	chú xì	섣달
129	厨房	chú fáng	주방, 부엌
130	处罚	chǔ fá	(법에 의해) 처벌하다
131	处分	chǔ fèn	(범죄인 등을) 처벌(하다). 처분하다
132	处在	chù zài	…에 처하다, …한 상황에 놓이다
133	传达	chuán dá	전하다. 전달하다.
134	传递	chuán dì	전달하다

135	传真	chuán zhēn	팩스
136	窗帘	chuāng lián	창문 커튼. 블라인드
137	闯	chuǎng	돌입하다, 갑자기 뛰어들다.
138	创立	chuàng lì	창립하다, 창설하다. 창건하다.
139	辞典	cí diǎn	사전
140	辞职	cí zhí	사직하다, 직장을 그만두다
141	此后	cǐ hòu	이후, 이다음. 금후
142	此刻	cǐ kè	지금, 현재
143	此时	cǐ shí	이때, 지금
144	聪明	cōng míng	똑똑하다, 총명하다
145	从而	cóng ér	따라서, 그리하여
146	从中	cóng zhōng	가운데에서, 중간에서
147	脆	cuì	부스러지기 쉽다, 바삭바삭하다/(목소리) 맑다
148	存款	cún kuǎn	저금, 예금
149	寸	cùn	치, 촌
150	达成	dá chéng	달성하다, 도달하다.얻다.
151	答	dá	답하다, 보답하다. 답례하다
152	答复	dá fù	회답하다. 답변하다.
153	打	dǎ	치다, 때리다, 깨어지다
154	打扮	dǎ bàn	치장하다. 단장하다, 분장하다
155	打包	dǎ bāo	포장하다,음식점에서 먹고 남은 음식을 싸 주다
156	打击	dǎ jí	타격을 주다. 공격하다. 손상시키다.
157	打架	dǎ jià	싸우다, 다투다
158	打扰	dǎ rǎo	방해하다
159	大胆	dà dǎn	대담하다
160	大都	dà dū	대부분, 대체로
161	大纲	dà gāng	대강, 요강
162	大伙儿	dà huǒ er	대 모두들. 모든 사람. 여러 사람.
163	大奖赛	dà jiǎng sài	경연 대회
164	大脑	dà nǎo	대뇌
165	大事	dà shì	대사, 큰일
166	大厅	dà tīng	로비, 홀
167	大象	dà xiàng	코끼리
168	大熊猫	dà xióng māo	자이언트 판다
169	大于	dà yú	보다 크다

170	大致	dà zhì	대개. 대략. 아마.
171	呆	dāi	머물다./멍청하다, (머리가) 둔하다.
172	待	dài	에 있다, 우대하다, 기다리다
173	代价	dài jià	대가
174	代理	dài lǐ	대리하다. 대신하다. 대행하다.
175	带有	dài yǒu	지니고 있다. 갖고 있다. 띠고 있다
176	贷款	dài kuǎn	대출금. 대여금. 대부금
177	单一	dān yī	단일하다
178	胆	dǎn	담, 담력
179	胆小	dǎn xiǎo	담이 작다. 겁 많다
180	蛋糕	dàn gāo	케이크
181	当场	dāng chǎng	당장. 그 자리에서. 즉석에서.
182	当代	dāng dài	당대, 그 시대
183	当年	dāng nián	그 때, 그 당시, 한창 나이
184	当前	dāng qián	현재. 현 단계. 목전. 당면.
185	当选	dāng xuǎn	당선되다
186	挡	dǎng	막다. 차단하다.
187	到来	dào lái	닥쳐오다, 도래하다.
188	倒是	dǎo shì	오히려, 도리어
189	道德	dào dé	도덕, 윤리
190	得了	dé le	되다, 마치다, 큰일나다. 심각하다
191	得以	dé yǐ	할 수 있다
192	等候	děng hòu	기다리다
193	等级	děng jí	등급. 차별.
194	低于	dī yú	낮다
195	地带	dì dài	지역, 지대
196	地形	dì xíng	지형, 땅의 형세
197	地震	dì zhèn	지진
198	递	dì	건네주다, 전해 주다
199	递给	dì gěi	내주다,
200	典礼	diǎn lǐ	(성대한) 식. 의식. 행사
201	点燃	diǎn rán	점화하다, 불을 붙이다
202	电池	diàn chí	전지
203	电饭锅	diàn fàn guō	전기(밥)솥
204	电子版	diàn zǐ bǎn	전자판

205	调动	diào dòng	(위치·용도·인원을) 옮기다. 이동하다
206	丢	diū	잃어 버리다, 던지다
207	动机	dòng jī	동기, 원인
208	动手	dòng shǒu	시작하다. 착수하다. 사람을 때리다
209	动态	dòng tài	동태, 동작
210	动员	dòng yuán	동원하다, 설득하다. 교육하다
211	冻	dòng	얼다. 굳다.
212	洞	dòng	구멍. 굴
213	豆制品	dòu zhì pǐn	콩으로 만든 식품
214	毒	dú	독, 해독. 폐단
215	堆	duī	무더기/쌓여 있다.
216	对立	duì lì	대립하다. 대립되다. 적대하다. 모순되다.
217	对应	duì yìng	대응하다
218	吨	dūn	톤
219	朵	duǒ	송이 (꽃, 구름등 세는 양사)
220	躲	duǒ	숨다, 피하다. 비키다
221	儿女	ér nǚ	자녀, 아들과 딸
222	耳朵	ěr duǒ	귀
223	二维码	èr wéi mǎ	2차원 바코드.QR 코드
224	发布	fā bù	선포하다. 발포하다.
225	发觉	fā jué	발견하다. 알아차리다. 끼닫다.
226	发射	fā shè	발사하다, 보내다, 방출하다
227	发行	fā xíng	발행하다. 발매하다
228	罚	fá	처벌하다
229	罚款	fá kuǎn	벌금/위약금을 부과하다
230	法规	fǎ guī	법규
231	法制	fǎ zhì	법제
232	繁荣	fán róng	(경제나 사업이) 번영하다. 번창하다.
233	返回	fǎn huí	(원래의 곳으로) 되돌아가다
234	防治	fáng zhì	예방 치료하다.
235	放大	fàng dà	확대하다. 크게 하다, 증폭하다.
236	放弃	fàng qì	(원래의 권리·주장·의견 따위를) 버리다,
237	分成	fēn chéng	나누다
238	分解	fēn jiě	분해하다
239	分类	fēn lèi	분류

240	分离	fēn lí	분리하다, 헤어지다. 이별하다
241	分析	fēn xī	분석하다
242	分享	fēn xiǎng	나누다, 몫을 받다. 배당을 받다
243	丰收	fēng shōu	풍작을 이루다. 풍년이 들다.
244	风度	fēng dù	품격. 품모. 태도. 매너.
245	风光	fēng guāng	풍경. 경치. 풍광.
246	封	fēng	봉하다/막다
247	疯	fēng	미치다, 실성하다
248	疯狂	fēng kuáng	미치다, 실성하다
249	扶	fú	(손으로) 부축하다.
250	服从	fú cóng	순하다, 복종하다
251	幅	fú	(옷감, 그림, 종이 등을 세는 단위) 폭
252	幅度	fú dù	정도. 폭. 너비.
253	福利	fú lì	복지. 복리.
254	辅助	fǔ zhù	거들어 주다. 돕다. 협조하다. 보조하다
255	负责人	fù zé rén	책임자
256	附件	fù jiàn	부품, 부속서류
257	改革	gǎi gé	개혁 (하다)
258	干脆	gān cuì	아예, 차라리
259	干扰	gān rǎo	(남의 일을) 방해하다.지장을 주다.
260	干预	gān yù	관여[간여]하다. 간섭하다. 방해하다.
261	感想	gǎn xiǎng	소감. 감상
262	钢笔	gāng bǐ	만년필
263	钢琴	gāng qín	피아노
264	高大	gāo dà	높고 크다/(나이가) 많다
265	高度	gāo dù	높이, 고도
266	高跟鞋	gāo gēn xié	하이힐
267	高温	gāo wēn	고온
268	高于	gāo yú	…보다 높다,…보다 귀중하다
269	高原	gāo yuán	고원
270	搞	gǎo	하다. 처리하다.
271	搞好	gǎo hǎo	잘 해내다, 더할 나위 없이 잘하다
272	歌曲	gē qǔ	노래
273	隔壁	gé bì	이웃집, 옆집
274	个儿	gè er	키, 몸집

275	跟前	gēn qián	곁. 신변. 옆. 부근. 근처.
276	跟随	gēn suí	(뒤)따르다. 동행하다. 따라가다.
277	更换	gēng huàn	교체하다, 변경하다
278	更新	gēng xīn	경신하다. 업데이트하다
279	工艺	gōng yì	수공예
280	工作日	gōng zuò rì	작업일
281	公告	gōng gào	공고. 공포. 알림. 공시. 선언.
282	公认	gōng rèn	공인하다. 모두가 인정하다.
283	公式	gōng shì	공식, 일반 법칙
284	公正	gōng zhèng	공정(공평)하다
285	共计	gòng jì	합계하다, 함께 계획하다
286	共享	gòng xiǎng	함께 누리다, 모두의 즐거움
287	沟	gōu	도랑, 하수도, 개천
288	沟通	gōu tōng	교류하다. 소통하다.
289	估计	gū jì	계측하다, 추측하다
290	古老	gǔ lǎo	오래되다, 낡다
291	鼓	gǔ	북, 모양·소리·작용 따위가 북과 비슷한 것
292	鼓励	gǔ lì	격려하다, 북돋우다
293	鼓掌	gǔ zhǎng	손뼉을 치다. 박수하다.
294	顾问	gù wèn	고문/상관하다. 개의하다
295	怪	guài	이상하다, 괴상하다
296	关怀	guān huái	배려하다, 관심을 보이다
297	关键	guān jiàn	관건, 키 포인트
298	冠军	guàn jūn	우승자, 챔피언, 우승
299	光荣	guāng róng	영광/영광스럽다.
300	光线	guāng xiàn	빛, 광선
301	广	guǎng	넓다, 넓이, 너비
302	广泛	guǎng fàn	폭 넓다. 광범위하다.
303	规划	guī huà	기획하다. 계획하다. 꾀하다.
304	鬼	guǐ	귀신
305	柜子	guì zi	장, 찬장
306	滚	gǔn	구르다. 뒹굴다.
307	锅	guō	솥. 냄비. 가마.
308	国籍	guó jí	국적
309	国民	guó mín	국민

梦想中国语 词汇

310	过度	guò dù	과도하다. 지나치다.
311	过敏	guò mǐn	알레르기 반응을 나타내다.
312	过于	guò yú	지나치게. 너무. 과도하게. 몹시.
313	害	hài	손해/해롭다
314	汗	hàn	땀
315	好运	hǎo yùn	좋은 운
316	号召	hào zhào	(정부·정당·단체가 국민에게) 호소하다.
317	合并	hé bìng	합병하다. 합치다.
318	合成	hé chéng	합성하다, 합쳐 …가 되다
319	盒	hé	함
320	盒饭	hé fàn	도시락 밥
321	盒子	hé zi	작은 상자, 갑, 케이스
322	贺卡	hè kǎ	축하 카드
323	恨	hèn	원망하다. 증오하다.
324	猴	hóu	원숭이
325	后悔	hòu huǐ	후회하다
326	胡同儿	hú tòng er	골목, 작은 거리
327	胡子	hú zi	수염
328	虎	hǔ	호랑이
329	华语	huá yǔ	중국어
330	滑	huá	미끄러지다. 미끄럽다.
331	化石	huà shí	화석
332	划分	huà fēn	(전체를 여러 부분으로) 나누다. 구획하다.
333	画面	huà miàn	화면
334	环节	huán jié	환절. 부분부분
335	慌	huāng	당황하다, 허둥대다, 어쩔 바를 몰라 하다
336	慌忙	huāng máng	황망하다. 허둥지둥하다.
337	灰色	huī sè	회색, 잿빛
338	恢复	huī fù	회복하다. 회복되다.
339	回报	huí bào	보답하다. 보고하다, 보복하다
340	回避	huí bì	회피하다. 피하다.
341	回顾	huí gù	회고하다. 회상하다. 돌이켜보다. 되돌아보다.
342	回收	huí shōu	회수하다. 회수하여 이용하다.
343	回头	huí tóu	고개[머리]를 돌리다, 뒤돌아보다
344	回信	huí xìn	답장하다

345	回忆	huí yì	회상하다, 추억하다
346	汇款	huì kuǎn	송금하다
347	会谈	huì tán	회담
348	活力	huó lì	활력. 생기. 원기. 활기.
349	活泼	huó pō	활발하다, 반응도가 높다
350	火柴	huǒ chái	성냥
351	火腿	huǒ tuǐ	햄
352	火灾	huǒ zāi	화재
353	或是	huò shì	혹시, …아니면 …이｢
354	机器人	jī qì rén	로봇
355	机制	jī zhì	메커니즘, 시스템. 구조
356	肌肉	jī ròu	근육
357	基地	jī dì	근거지. 본거지. 거점.
358	基金	jī jīn	기금
359	即使	jí shǐ	설령~하더라도, 설사~할지라도
360	集团	jí tuán	집단. 단체. 무리.
361	挤	jǐ	빽빽이 들어 차다,(일이) 동시에 겹치다
362	记忆	jì yì	기억하다
363	技能	jì néng	기능, 솜씨
364	继承	jì chéng	상속하다,이어받다. 물려받다
365	加热	jiā rè	가열하다
366	加上	jiā shàng	더하다. 첨가하다
367	加速	jiā sù	가속하다, 속도를 늘리다
368	加以	jiā yǐ	…을 가하다, 게다가. …한데다가
369	夹	jiā	끼우다, 집다
370	甲	jiǎ	갑, 제일이다. 첫째이다
371	价	jià	값, 가격, 가치
372	驾驶	jià shǐ	(기차·기선·비행기 등을) 운전하다. 조종하다
373	驾照	jià zhào	운전 면허증
374	坚定	jiān dìng	(입장 의지 따위가) 확고하다, 굳다. 꿋꿋하다
375	肩	jiān	어깨
376	艰苦	jiān kǔ	어렵고 고달프다. 고생스럽다
377	艰难	jiān nán	곤란하다. 어렵다. 힘들다.
378	检验	jiǎn yàn	검증하다. 검사하다.
379	减轻	jiǎn qīng	덜다, 경감하다

380	剪	jiǎn	자르다, 깎다. 오리다
381	剪刀	jiǎn dāo	가위
382	剪子	jiǎn zi	가위
383	间接	jiàn jiē	간접적인.
384	建造	jiàn zào	건축하다, 세우다. 수축하다
385	建筑	jiàn zhú	건축물/건축하다. 축조하다
386	健全	jiàn quán	(병·탈 없이) 건강하고 온전하다.
387	键	jiàn	핀, 비녀장
388	键盘	jiàn pán	키보드, 건반
389	将	jiāng	부축하다. 돕다, 원하다. 청하다
390	将要	jiāng yào	막[장차] ...하려 하다
391	奖励	jiǎng lì	장려하다, 표창하다
392	交代	jiāo dài	설명하다. 알려 주다.
393	郊区	jiāo qū	교외 지역
394	胶带	jiāo dài	테이프
395	胶水	jiāo shuǐ	풀, 본드. 접착제
396	脚步	jiǎo bù	발걸음, 보폭
397	接触	jiē chù	접촉하다. 닿다.
398	接连	jiē lián	연거푸하다. 연잇다. 잇달다
399	解除	jiě chú	없애다. 제거하다. 해소하다. 풀다. 청산하다.
400	解放	jiě fàng	해방하다, 자유롭게 되다
401	戒	jiè	(좋지 못한 습관을) 끊다.
402	届	jiè	회, 기, 차/(예정된 때에) 이르다.
403	今日	jīn rì	금일, 오늘
404	尽管	jǐn guǎn	얼마든지, 비록~일지라도
405	紧紧	jǐn jǐn	꽉, 단단히
406	尽可能	jǐn kě néng	되도록, 가능한 한. 될 수 있는 한
407	进化	jìn huà	진화하다
408	近来	jìn lái	근래. 요즘. 최근.
409	经费	jīng fèi	(사업·지출상의) 경비. 비용.
410	景象	jǐng xiàng	현상, 상태. 상황. 광경
411	警告	jǐng gào	경고하다.
412	竞赛	jìng sài	경쟁하다. 경기하다. 시합하다.
413	竞争	jìng zhēng	경쟁하다
414	酒鬼	jiǔ guǐ	술고래, 술도깨비

415	救灾	jiù zāi	구재/재난에서 구원하다
416	居然	jū rán	의외로, 뜻밖에, 예상외로
417	局面	jú miàn	국면. 형세. 양상.
418	局长	jú zhǎng	국장, 서장
419	举动	jǔ dòng	동작. 행위.
420	拒绝	jù jué	거절하다, 거부하다
421	俱乐部	jù lè bù	클럽, 구락부
422	剧本	jù běn	극본. 각본. 대본.
423	绝不	jué bù	절대[결코] …하지 않다
424	绝望	jué wàng	절망하다.
425	军人	jūn rén	군인
426	开幕	kāi mù	개막, 막을 열다, 시작하다
427	开幕式	kāi mù shì	개막식
428	看成	kàn chéng	…로 간주하다, …라고 생각하다
429	看出	kàn chū	분별하다, 알아차리다
430	看待	kàn dài	대(우)하다. 다루다. 취급하다.
431	考核	kǎo hé	심사하다.
432	烤肉	kǎo ròu	불고기
433	烤鸭	kǎo yā	오리 구이
434	靠近	kào jìn	가깝다, 가까이 다가가다
435	颗	kē	알(둥글고 작은 알맹이 모양과 같은 것)
436	咳	ké	기침하다
437	可	kě	동의를 나타냄, 허가 또는 가능을 나타냄
438	可怜	kě lián	불쌍하다
439	可惜	kě xí	아깝다, 아쉽다
440	渴望	kě wàng	갈망하다. 간절히 바라다.
441	刻	kè	새기다, 기한을 엄격하게 정하다/15분
442	客户	kè hù	이주자. 다른 곳에서 이주하여 온 사람.
443	客气	kè qì	겸손하다, 예의가 바르다
444	客厅	kè tīng	객실
445	课题	kè tí	(연구·토론) 과제. 프로젝트.
446	肯定	kěn dìng	긍정하다. 인정하다
447	空中	kōng zhōng	공중
448	控制	kòng zhì	통제하다. 제어하다.
449	口号	kǒu hào	구호, 슬로건

 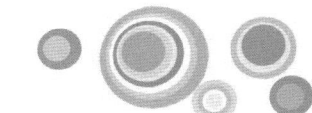

450	库	kù	창고, 곳간
451	快活	kuài huó	즐겁다. 유쾌하다.
452	宽度	kuān dù	넓이, 나비
453	狂	kuáng	미치다/격렬하다
454	亏	kuī	부족하다, 모자라다
455	困扰	kùn rǎo	고민하다/괴롭힘
456	落	luò	떨어지다, 하락하다. 낮아지다
457	来信	lái xìn	내신, 보내온 편지
458	烂	làn	부패하다. 썩다.
459	朗读	lǎng dú	낭독하다.
460	浪漫	làng màn	낭만적이다
461	劳动	láo dòng	노동(하다).
462	梨	lí	배
463	礼	lǐ	예, 예식
464	礼拜	lǐ bài	주/예배
465	礼貌	lǐ mào	예의
466	厉害	lì hài	심하다, 지독하다, 대단하다
467	立	lì	서다, (물건을) 세우다
468	立场	lì chǎng	입장. 태도. 관점.
469	利润	lì rùn	이윤
470	例外	lì wài	예외로 하다. 예외(가 되)다.
471	连接	lián jiē	연결하다, 연접하다
472	联络	lián luò	연락하다.
473	联想	lián xiǎng	연상하다.
474	脸盆	liǎn pén	세숫대야
475	脸色	liǎn sè	안색,혈색
476	恋爱	liàn ài	연애(하다)
477	两岸	liǎng àn	(강이나 해협의) 양안
478	邻居	lín jū	이웃, 이웃 사람
479	铃	líng	종, 방울, 벨
480	铃声	líng shēng	벨소리
481	领带	lǐng dài	넥타이
482	令	lìng	명령하다,...하게 하다....을 시키다
483	流动	liú dòng	흐르다, 옮겨다니다
484	流通	liú tōng	유통하다. 막힘없이 잘 통하다. 잘 소통되다.

485	漏	lòu	(물체가 구멍이나 틈이 생겨) 새다
486	漏洞	lòu dòng	틈새, 구멍, 약점
487	逻辑	luó jí	논리
488	落实	luò shí	(정책·계획·조치 따위가) 실현되다. 구체화되다.
489	码头	mǎ tóu	부두, 선창
490	骂	mà	꾸짖다. 욕하다.
491	买卖	mǎi mài	매매, 상점
492	漫长	màn cháng	(시간·공간이) 멀다. 길다. 지루하다.
493	漫画	màn huà	만화
494	毛笔	máo bǐ	붓, 모필
495	矛盾	máo dùn	갈등, 대립, 모순
496	冒	mào	나다, 뿜어나오다/조심성이 없다
497	贸易	mào yì	무역, 교역. 상업
498	煤	méi	석탄, 석탄의 검댕
499	煤气	méi qì	가스
500	门诊	mén zhěn	진찰[진료]. 외래 진찰[진료]
501	迷人	mí rén	사람을 홀리다[미혹시키다].
502	迷信	mí xìn	미신. 맹목적인 숭배[신봉].
503	面貌	miàn mào	용모. 생김새.
504	面子	miàn zi	체면. 면목.
505	秒	miǎo	초
506	敏感	mǐn gǎn	민감하다. 감수성이 예민하다
507	明亮	míng liàng	밝다, 빛나다. 반짝거리다
508	明明	míng míng	분명히. 명백히.
509	命令	mìng lìng	명령(하다)
510	模范	mó fàn	모범, 본받을 만한 사람
511	模仿	mó fǎng	모방하다. 본받다. 흉내내다
512	模糊	mó hú	애매하게 하다./ 분명하지 않다. 모호하다.
513	模式	mó shì	모식. (표준) 양식. 패턴. 모델.
514	摩擦	mó cā	마찰하다/마찰. 충돌
515	摩托	mó tuō	오토바이
516	模样	mú yàng	모양. 모습. 형상.
517	目光	mù guāng	시선. 눈길, 시야
518	耐心	nài xīn	참을성 있다, 인내심 있다
519	男性	nán xìng	남성

520	南北	nán běi	남북, 남에서 북까지
521	南极	nán jí	남극
522	难得	nán dé	...하기는 어렵다. 모처럼[드물게]...하다
523	难以	nán yǐ	하기 어렵다
524	脑子	nǎo zi	뇌
525	内在	nèi zài	내재적인. 내재하는.
526	能量	néng liàng	에너지.
527	年度	nián dù	연도.
528	年龄	nián líng	나이, 연령
529	年前	nián qián	작년, 지난해
530	牛	niú	소/잘하다
531	牛仔裤	niú zǎi kù	청바지
532	农产品	nóng chǎn pǐn	농산물
533	女性	nǚ xìng	여성
534	暖	nuǎn	따뜻하다, 온화하다
535	偶尔	ǒu ěr	가끔, 이따금. 때때로
536	偶然	ǒu rán	우연하다/뜻밖에
537	偶像	ǒu xiàng	우상, 미신 등의 대상물
538	拍摄	pāi shè	촬영하다, 사진을 찍다
539	排除	pái chú	제거하다. 배제하다
540	旁	páng	옆
541	陪	péi	모시다, 동반하다
542	赔	péi	배상하다. 변상하다.
543	赔偿	péi cháng	배상하다. 변상하다.
544	配备	pèi bèi	배치하다. 배분하다. 분배하다.
545	配套	pèi tào	하나의 세트로 만들다.(부품을 모아) 조립하다
546	喷	pēn	뿌리다, 내뿜다. 분출하다
547	盆	pén	화분
548	披	pī	덮다. 걸치다.
549	皮肤	pí fū	피부
550	皮鞋	pí xié	구두
551	脾气	pí qì	성격, 기질
552	匹	pǐ	필(말이나 노새 등을 세는 데 쓰임)
553	骗	piàn	속이다, 기만하다, 속여 빼앗다
554	骗子	piàn zi	사기꾼

555	拼	pīn	합치다, 맞붙이다, 그러모으다
556	频道	pín dào	채널
557	频繁	pín fán	잦다. 빈번하다.
558	品	pǐn	물품, (물건의) 등급
559	品（工艺品）	pǐn (gōng yì pǐn)	품(공예품)
560	品种	pǐn zhǒng	품종, 제품의 종류
561	平坦	píng tǎn	(도로·지대 등이) 평평하다.
562	平原	píng yuán	평원.
563	评估	píng gū	(질·수준·성적 등을) 평가하다.
564	评论	píng lùn	평론하다. 논의하다.
565	凭	píng	(몸을 …에) 기대다, 의지하다. 의거하다
566	泼	pō	(물 등의 액체를) 뿌리다 붓다.
567	葡萄	pú táo	포도
568	葡萄酒	pú táo jiǔ	와인
569	期望	qī wàng	기대하다. 바라다. 소망하다.
570	齐全	qí quán	완전히 갖추다. 완비하다.
571	其	qí	그러한 것, 어찌
572	启动	qǐ dòng	시동하다, 놀라게 하다
573	启发	qǐ fā	계발(하다). 계몽(하다)
574	启事	qǐ shì	광고. 공고.
575	起到	qǐ dào	(역할을) 다하다,(활동을) 하다
576	起码	qǐ mǎ	최소한의. 기본적인. 기초적인.
577	气体	qì tǐ	기체
578	气象	qì xiàng	기상
579	签	qiān	서명하다. 사인하다.
580	签订	qiān dìng	(조약을) 조인하다. 체결하다.
581	签名	qiān míng	사인
582	签约	qiān yuē	서명하다
583	签证	qiān zhèng	비자
584	签字	qiān zì	서명하다, 조인하다
585	前景	qián jǐng	(가까운) 장래. 앞날.
586	前提	qián tí	선결 조건. 전제 조건
587	欠	qiàn	하품하다, 몸을 위로 뻗다
588	枪	qiāng	총
589	强度	qiáng dù	강도

590	墙壁	qiáng bì	벽
591	抢	qiǎng	빼앗다. 약탈하다.
592	抢救	qiǎng jiù	(응급 상황에서) 서둘러 구호하다
593	强迫	qiǎng pò	강요하다. 강제로 시키다. 핍박하다.
594	悄悄	qiāo qiāo	근심하는 모양/은밀히, 몰래
595	敲	qiāo	두드리다, 치다
596	敲门	qiāo mén	노크하다, 문을 두드리다
597	瞧	qiáo	보다. 구경하다.
598	琴	qín	금, 거문고
599	勤奋	qín fèn	부지런하다. 열심히 하다.
600	青	qīng	푸르다/젊다
601	清晨	qīng chén	일출 전후의 시간. 이른 아침.
602	清理	qīng lǐ	깨끗이 정리[처분]하다.
603	情节	qíng jié	플롯(plot). 줄거리.
604	情形	qíng xíng	정황. 상황. 형편.
605	晴朗	qíng lǎng	쾌청하다. 구름 한 점 없이 맑다.
606	区域	qū yù	구역. 지역.
607	全都	quán dōu	다/모두
608	全世界	quán shì jiè	전세계
609	泉	quán	샘, 샘구멍
610	劝	quàn	권고하다. 권하다.
611	缺乏	quē fá	모자라다, 부족하다
612	确立	què lì	확립하다. 확고하게 세우다. 수립하다.
613	群体	qún tǐ	단체
614	群众	qún zhòng	대중. 군중. 민중
615	染	rǎn	염색하다. 물들이다.
616	绕	rào	돌다. 맴돌다.
617	热量	rè liàng	열량
618	热门	rè mén	인기 있는 것. 유행하는 것.
619	人间	rén jiān	인간 사회. 세상.
620	人力	rén lì	인력
621	人士	rén shì	인사.
622	人物	rén wù	인물
623	忍	rěn	참다, 견디다
624	忍不住	rěn bú zhù	참을 수 없다. 견딜 수 없다.

625	忍受	rěn shòu	이겨 내다. 참다
626	认	rèn	분간하다/남과 새로운 관계를 맺다
627	认定	rèn dìng	인정하다. 확신하다. 굳게 믿다
628	扔	rēng	던지다, 버리다
629	仍旧	réng jiù	여전히. 변함없이.
630	如此	rú cǐ	이렇게
631	如同	rú tóng	마치 …와 같다
632	如下	rú xià	다음과 같다
633	入门	rù mén	입문
634	软	ruǎn	부드럽다, 온화하다. 강경하지 않다
635	软件	ruǎn jiàn	소프트웨어
636	洒	sǎ	뿌리다.
637	散	sàn	흩어지다, 느슨해지다
638	散文	sǎn wén	(운문과 구별하여) 산문
639	杀	shā	죽이다. 살해하다.
640	杀毒	shā dú	소독하다
641	沙漠	shā mò	사막
642	傻	shǎ	어리석다. 우둔하다.
643	山区	shān qū	산간 지방
644	扇	shān	선동하다
645	扇	shàn	부채질하다
646	扇子	shàn zi	부채, 문짝
647	商标	shāng biāo	상표.
648	上级	shàng jí	상급. 상부. 상급자. 상사.
649	上下	shàng xià	위와 아래, 상하, 오르 내리다
650	上涨	shàng zhǎng	(수위(水位)나 물가가) 오르다
651	稍	shāo	좀, 약간
652	稍微	shāo wéi	약간, 조금
653	蛇	shé	뱀
654	舍不得	shě bù de	(헤어지기) 아쉽다. 미련이 남다
655	舍得	shě dé	아깝지 않다
656	设想	shè xiǎng	가상하다. 상상하다.
657	社	shè	조합, 단체
658	社区	shè qū	지역 사회. (아파트 등의) 단지.
659	射	shè	사격/쏘다, 발사하다

660	射击	shè jí	사격(하다) 쏘다.
661	摄像	shè xiàng	촬영
662	摄像机	shè xiàng jī	사진을 찍다.
663	摄影	shè yǐng	촬영하다
664	摄影师	shè yǐng shī	사진사, 촬영 기사
665	伸	shēn	펴다, 내밀다/해명하다. 설명하다
666	深处	shēn chù	깊숙한 곳. 심층
667	深度	shēn dù	깊이, 심도.
668	神	shén	신, 귀신, 정신/신비롭다. 비범하다
669	神经	shén jīng	신경
670	神奇	shén qí	신기하다. 기묘하다. 신비롭고 기이하다.
671	神情	shén qíng	표정. 안색. 기색.
672	升高	shēng gāo	위로 오르다, 높이 오르다
673	生成	shēng chéng	생기다, 생성되다
674	声	shēng	소리, 이름. 명예
675	胜负	shèng fù	승부. 승패.
676	剩	shèng	남다, 나머지
677	剩下	shèng xià	남기다, 나머지
678	失误	shī wù	실수를 하다. 수를 잘못 쓰다
679	师傅	shī fù	스승, 사부/그 일에 숙달한 사람
680	诗歌	shī gē	시가, 시
681	十足	shí zú	충분하다. 충족하다. 넘쳐흐르다.
682	时常	shí cháng	늘. 자주. 항상.
683	时光	shí guāng	시기. 때. 시절.
684	时机	shí jī	(유리한) 시기. 기회. 때.
685	时事	shí shì	시사. 최근의 국내외 대사건.
686	实惠	shí huì	실리. 실익.
687	拾	shí	줍다. 집다. 수습하다
688	使得	shǐ dé	사용할 것이다, 하여금, …하게 하다
689	示范	shì fàn	시범(하다). 모범(을 보이다).
690	式	shì	식, 형식
691	势力	shì lì	세력
692	试图	shì tú	시도하다, 기도하다
693	视频	shì pín	영상
694	视为	shì wéi	로 보다, …로 간주하다

695	收购	shōu gòu	사들이다, 구입하다
696	收集	shōu jí	모으다. 수집하다. 채집하다
697	收拾	shōu shí	정리하다, 치우다, 정돈하다
698	手段	shǒu duàn	수단, 방법
699	手法	shǒu fǎ	기교. 수법. 기법
700	寿司	shòu sī	초밥, 스시
701	受灾	shòu zāi	재해를 입다
702	瘦	shòu	마르다, 여위다
703	书法	shū fǎ	서도, 서예의 필법
704	书柜	shū guì	책장
705	书桌	shū zhuō	책상
706	输出	shū chū	수출하다/(안에서 밖으로) 내보내다
707	蔬菜	shū cài	채소
708	熟悉	shú xī	익히 알다, 익숙하다
709	鼠	shǔ	마우스, 쥐
710	鼠标	shǔ biāo	마우스
711	数目	shù mù	수. 수량. 숫자. 수효.
712	摔	shuāi	넘어지다. 쓰러지다. 집어 던지다
713	摔倒	shuāi dǎo	자빠지다. 엎어지다
714	率领	shuài lǐng	(무리나 단체를) 거느리다. 이끌다. 인솔하다.
715	双手	shuāng shǒu	양손, 두손
716	水产品	shuǐ chǎn pǐn	수산물
717	水分	shuǐ fèn	수분/과대. 과장
718	水库	shuǐ kù	댐
719	水灾	shuǐ zāi	수재, 수해
720	睡眠	shuì mián	잠, 수면
721	说法	shuō fǎ	의견, 논법. 논조
722	硕士	shuò shì	석사
723	私人	sī rén	개인의, 사적인
724	思维	sī wéi	사유./숙고하다
725	四周	sì zhōu	사방, 주위. 주변
726	搜	sōu	찾다. 모아들이다
727	搜索	sōu suǒ	수색하다. 검색하다.
728	宿舍	sù shè	기숙사
729	酸甜苦辣	suān tián kǔ là	신맛·단맛·쓴맛·매운맛, 각양각색의 맛

梦想中国语 词汇

730	随后	suí hòu	뒤이어. 바로 뒤에. 그 다음에
731	随意	suí yì	(자기) 마음대로. 뜻대로.
732	随着	suí zhe	~따라서, ~에따라
733	岁月	suì yuè	세월.
734	碎	suì	부서지다. 깨지다. 부수다.
735	损害	sǔn hài	손상시키다, 침해하다. 해치다
736	损失	sǔn shī	손실, 손해
737	所在	suǒ zài	장소, 존재하는 곳
738	锁	suǒ	자물쇠 / 잠그다.
739	台风	tái fēng	태풍.
740	抬	tái	들어 올리다, (가격을) 올리다
741	抬头	tái tóu	머리를 들다, 대두하다. 왕성해지다
742	太空	tài kōng	우주. 높고 드넓은 하늘.
743	弹	dàn	튕기다, 기계를 이용하여 섬유를 부드럽게 하다
744	逃	táo	도망치다. 달아나다.
745	逃跑	táo pǎo	도망가다, 달아나다
746	逃走	táo zǒu	도주하다
747	桃	táo	복숭아
748	桃花	táo huā	복숭아꽃
749	桃树	táo shù	복숭아 나무
750	讨厌	tǎo yàn	싫다, 싫어하다
751	特定	tè dìng	특정한. 특별히 지정한.
752	特性	tè xìng	특성
753	特有	tè yǒu	특유하다, 고유하다
754	提倡	tí chàng	제창하다.
755	提起	tí qǐ	말을 꺼내다. 언급하다
756	提示	tí shì	일러 주다. 힌트를 주다. 알려 주다.
757	题材	tí cái	제재. 문학이나 예술 작품의 소재.
758	体积	tǐ jī	부피, 체적
759	体力	tǐ lì	체력, 힘
760	天才	tiān cái	천재/타고난 재능
761	天然气	tiān rán qì	천연 가스.
762	天文	tiān wén	천문.
763	调节	tiáo jié	조절하다. 조율하다
764	调解	tiáo jiě	조정하다. 중재하다. 화해시키다.

765	厅	tīng	홀, 큰방
766	停留	tíng liú	멈추다, 묵다, 머물다
767	通用	tōng yòng	보편적으로 사용하다. 통용되다.
768	偷	tōu	훔치다. 도둑질하다
769	偷偷	tōu tōu	살짝, 슬그머니
770	突破	tú pò	돌파하다. 새로운 진전을 이루다
771	土豆	tǔ dòu	감자
772	吐	tǔ	내뱉다, 토하다
773	吐	tù	(자신의 의지와 관계없이) 구토하다. 게우다
774	兔	tù	토끼
775	团长	tuán zhǎng	단장
776	推行	tuī xíng	보급하다, 널리 시행하다
777	脱离	tuō lí	(어떤 상황·환경에서) 벗어나다. 떠나다. 이탈하다.
778	外界	wài jiè	외부. 외계.
779	完了	wán le	망하다, 끝났다, 다됐다
780	微博	wēi bó	미니 블로그, 웨이보 (twitter와 비슷함)
781	为难	wéi nán	난처하다. 난감하다. 곤란하다. 딱하다.
782	为期	wéi qí	기한으로 하다. 약속 날짜로 삼다.
783	为止	wéi zhǐ	…을 끝으로 하다[삼다]. …까지 하(고 끝내)다
784	违法	wéi fǎ	위법하다, 법을 어기다
785	为主	wéi zhǔ	…을 위주로 하다.
786	违反	wéi fǎn	위반하다. 위배하다.
787	违规	wéi guī	규정을 어기다
788	围绕	wéi rào	주위를 돌다, 둘러싸다
789	唯一	wéi yī	유일하다, 하나 밖에 없다
790	委托	wěi tuō	위탁하다
791	卫星	wèi xīng	위성
792	胃	wèi	위, 밥통
793	慰问	wèi wèn	(말이나 선물로) 위문하다.
794	温和	wēn hé	(기후가) 따뜻하다. 온난하다.
795	文艺	wén yì	문예. 문학과 예술.
796	卧室	wò shì	침실
797	握	wò	쥐다, 장악하다
798	污染	wū rǎn	오염되다, 오염시키다
799	污水	wū shuǐ	오수. 더러운 물. 구정물. 폐수

800	屋	wū	방. 가옥. 집
801	无奈	wú nài	어찌 할 도리가 없다.
802	无疑	wú yí	의심할 바 없다. 틀림없다
803	舞	wǔ	춤, 무용
804	物价	wù jià	물가
805	物业	wù yè	가옥 등의 부동산
806	物质	wù zhí	물질
807	误解	wù jiě	오해하다.
808	西红柿	xī hóng shì	토마토
809	西装	xī zhuāng	양복
810	喜剧	xǐ jù	희극, 코미디
811	戏	xì	놀이, 장난/연극
812	戏剧	xì jù	희극, 연극
813	吓	xià	놀라다,겁내다. 무서워하다
814	先后	xiān hòu	선후, 앞과 뒤. 먼저와 나중
815	先前	xiān qián	이전. 예전.
816	鲜艳	xiān yàn	(색이) 산뜻하고 아름답다
817	闲	xián	한가하다, 할 일이 없다
818	显	xiǎn	명확하다,뚜렷하다/나타나다
819	现有	xiàn yǒu	현유, 현존
820	现状	xiàn zhuàng	현상. 현황. 현 상태. 현재 상황.
821	线索	xiàn suǒ	실마리. 단서.
822	献	xiàn	드리다, 바치다
823	乡	xiāng	시골, 촌. 농촌
824	乡村	xiāng cūn	시골, 촌. 농촌
825	相等	xiāng děng	같다. 대등하다.
826	相应	xiāng yìng	상응하다. 서로 맞다. 어울리다. 호응하다.
827	香肠	xiāng cháng	소시지
828	详细	xiáng xì	상세하다, 자세하다
829	享受	xiǎng shòu	즐기다. 향유하다.
830	向导	xiàng dǎo	가이드/길을 안내하다
831	向前	xiàng qián	앞으로 나아가다. 전진하다
832	向上	xiàng shàng	향상(하다). 진보(하다). 발전(하다)
833	相声	xiàng sheng	재담, 만담
834	象征	xiàng zhēng	상징하다. 표시하다.

梦想中国语 词汇

835	消除	xiāo chú	제거하다. 일소하다. 없애 버리다
836	消毒	xiāo dú	소독하다, 해독을 없애다
837	消防	xiāo fáng	소방. 소화와 방화.
838	消费者	xiāo fèi zhě	소비자
839	消极	xiāo jí	소극적이다. 부정적이다
840	小偷儿	xiǎo tōu er	도둑
841	歇	xiē	휴식하다. 쉬다.
842	协议	xié yì	협의하다. 합의하다.
843	协议书	xié yì shū	협의서
844	斜	xié	기울다, 비뚤다
845	心态	xīn tài	심리 상태.
846	心疼	xīn téng	아까워하다. 애석해하다
847	辛苦	xīn kǔ	고생스럽다, 수고롭다
848	欣赏	xīn shǎng	감상하다. 마음에 들다
849	信念	xìn niàn	신념. 믿음.
850	信箱	xìn xiāng	우체통, 사서함
851	行驶	xíng shǐ	(차·배 따위가) 다니다, 통행하다
852	形态	xíng tài	형태.
853	性能	xìng néng	성능.
854	雄伟	xióng wěi	웅장하다, 우람하다
855	熊	xióng	곰
856	休闲	xiū xián	(경작지를) 묵히다/휴식 오락 활동
857	修复	xiū fù	수리하여 복원하다. 원상 복구하다.
858	修建	xiū jiàn	건조하다. 건설하다. 건축하다.
859	修养	xiū yǎng	수양하다/교양
860	虚心	xū xīn	겸허하다, 허심하다
861	许可	xǔ kě	허가하다. 승낙하다. 허락하다.
862	选修	xuǎn xiū	선택 과목으로 이수하다
863	学科	xué kē	교과목, 학문 분야
864	学位	xué wèi	학위.
865	学者	xué zhě	학자, 공부하는 사람
866	寻求	xún qiú	탐구하다, 찾다
867	询问	xún wèn	물어보다. 알아보다.
868	押金	yā jīn	담보금, 보증금
869	鸭子	yā zi	오리

870	亚军	yà jūn	(운동 경기에서의) 제 2 위. 준우승(자).
871	延伸	yán shēn	펴다. 늘이다. 확장하다. 뻗다. 뻗어 나가다.
872	严厉	yán lì	호되다. 매섭다. 단호하다. 준엄하다.
873	严肃	yán sù	엄숙하다. 근엄하다. 진지하다. 허술한 데가 없다
874	言语	yán yǔ	소리치다, 말하다
875	研究所	yán jiū suǒ	연구소
876	眼光	yǎn guāng	시선. 눈길.
877	邀请	yāo qǐng	초청하다, 초대하다
878	摇头	yáo tóu	고개를 젓다
879	咬	yǎo	물다, 깨물다, 떼어 먹다
880	也好	yě hǎo	…하는 편이 좋다.…해도 나쁘지 않다
881	业务	yè wù	업무, 일. 실무.
882	夜间	yè jiān	야간, 밤사이. 밤
883	一流	yī liú	같은 부류. 일류
884	依法	yī fǎ	법에 의거하다[따르다]. 법에 비추다
885	依旧	yī jiù	(상황이) 여전하다. 의구하다.
886	依据	yī jù	의거하다. 근거하다.
887	依照	yī zhào	대로, ~에 의거하다
888	一辈子	yí bèi zi	한평생, 일생
889	一带	yí dài	일대
890	一旦	yí dàn	일단/하루아침. 잠시
891	一句话	yí jù huà	한 마디로 말하면
892	一路	yí lù	도중/한 종류
893	一下儿	yí xià er	시험삼아 해보다. 좀 …하다, 금방. 금새
894	一下子	yí xià zi	홀쩍,갑자기
895	一向	yí xiàng	줄곧. 내내. 종래.
896	乙	yǐ	을, 두 번째
897	以便	yǐ biàn	…(하기에 편리) 하도록.…하기 위하여.
898	以往	yǐ wǎng	종전. 이전. 과거. 이왕. 기왕.
899	一口气	yì kǒu qì	한 숨. 한 호흡/단숨에.
900	一身	yì shēn	한 몸, 온 몸, 전신
901	意识	yì shí	의식/ 의식하다. 깨닫다
902	意味着	yì wèi zhe	의미하다. 뜻하다. 나타내다.
903	意志	yì zhì	의지. 의기.
904	因而	yīn ér	그러므로, 그래서

905	饮料	yǐn liào	음료
906	饮食	yǐn shí	음식/음식을 먹고 마시다.
907	印刷	yìn shuā	인쇄하다.
908	应	yīng	대답하다. 응답하다, 허락하다
909	硬	yìng	단단하다, 딱딱하다
910	硬件	yìng jiàn	하드웨어
911	拥抱	yōng bào	포옹하다. 껴안다.
912	拥有	yōng yǒu	보유하다. 소유하다. 가지다. 지니다.
913	用不着	yòng bù zháo	쓸 때가 없다
914	用户	yòng hù	사용자. 가입자. 아이디(i d).
915	用来	yòng lái	(…에) 쓰(이)다
916	用于	yòng yú	(…에) 쓰(이)다
917	优惠	yōu huì	특혜의, 우대의, 수수료
918	优先	yōu xiān	우선하다.
919	幽默	yōu mò	유머, 익살맞다
920	尤其	yóu qí	특히, 더욱
921	由此	yóu cǐ	이로 인해, 이로써
922	犹豫	yóu yù	주저하다. 망설이다.
923	游泳池	yóu yǒng chí	수영장
924	友谊	yǒu yì	우정
925	有毒	yǒu dú	유독하다
926	有害	yǒu hài	유해하다. 해롭다
927	有力	yǒu lì	힘이 있다, 유력하다
928	有利于	yǒu lì yú	…에 유익하다
929	有着	yǒu zhe	있다, 가지고 있다
930	羽毛球	yǔ máo qiú	배드민턴
931	羽绒服	yǔ róng fú	다운재킷
932	雨水	yǔ shuǐ	빗물
933	预备	yù bèi	예비, …할 예정이다
934	预期	yù qī	예기하다. 미리 기대하다.
935	元旦	yuán dàn	원단. 설날(양력 1월 1일)
936	园林	yuán lín	조경 풍치림
937	原理	yuán lǐ	원리.
938	原始	yuán shǐ	원시, 오리지날
939	原先	yuán xiān	종전. 이전. 최초. 본래.

940	原有	yuán yǒu	이전부터 있다. 고유하다
941	远处	yuǎn chù	먼 곳. 먼 데
942	怨	yuàn	원한. 원수/탓하다, 원망하다
943	愿	yuàn	성실하고 신중하다/소원. 염원
944	约束	yuē shù	단속하다. 규제하다. 속박하다. 구속하다.
945	月饼	yuè bǐng	월병
946	月球	yuè qiú	월구, 달
947	阅览室	yuè lǎn shì	열람실
948	运	yùn	돌다. 운행하다,(물건을) 운송하다
949	运行	yùn xíng	(차•열차•배•별 등이) 운행하다.
950	灾	zāi	재해, 피해
951	灾害	zāi hài	재해, 재난
952	灾难	zāi nàn	재난. 재해. 화. 환난.
953	灾区	zāi qū	재해 지역
954	再次	zài cì	재차. 거듭. 두 번째
955	再也	zài yě	이제 더는. 더 이상은
956	在场	zài chǎng	현장에 있다
957	在内	zài nèi	내포하다. 포함하다
958	暂时	zhàn shí	잠깐. 잠시. 일시
959	暂停	zàn tíng	일시 정지하다. 잠시 중지하다
960	糟	zāo	지게미, 썩다. 상하다
961	糟糕	zāo gāo	엉망이 되다. 망치다.
962	早期	zǎo qí	초기, 이른 시기
963	增	zēng	증가하다, 늘다
964	增产	zēng chǎn	증산하다. 생산을 늘리다
965	增大	zēng dà	증대하다
966	增多	zēng duō	많아지다. 증가하다
967	增强	zēng qiáng	증강하다. 강화하다
968	赠	zèng	주다. 선사하다. (남에게) 바치다
969	赠送	zèng sòng	증정하다. 선사하다. 주다.
970	摘	zhāi	따다. 뜯다. 꺾다
971	展览	zhǎn lǎn	전람(하다). 전시(하다)
972	展示	zhǎn shì	분명하게 나타내다. 전시하다.
973	展现	zhǎn xiàn	전개하다. (눈앞에) 펼쳐지다
974	占领	zhàn lǐng	(토지나 진지를) 점령하다.

975	占有	zhàn yǒu	점유하다.
976	涨	zhǎng	(수위나 물가 등이)오르다.
977	涨价	zhǎng jià	값이 올라가다
978	掌握	zhǎng wò	파악하다. 숙달하다.
979	招生	zhāo shēng	신입생을 모집하다
980	招收	zhāo shōu	(학생이나 견습공 등을) 모집하다. 받아들이다
981	珍贵	zhēn guì	진귀하다. 귀중하다.
982	珍惜	zhēn xī	진귀하게 여겨 아끼다.
983	珍珠	zhēn zhū	진주
984	真诚	zhēn chéng	진지하다, 성실하다
985	真理	zhēn lǐ	진리
986	真相	zhēn xiàng	진상.
987	诊断	zhěn duàn	진단하다.
988	振动	zhèn dòng	진동하다.
989	震惊	zhèn jīng	깜짝 놀라게 하다.
990	争议	zhēng yì	쟁의하다. 논의하다.
991	正版	zhèng bǎn	정품. 정식 판본
992	正规	zhèng guī	정규의. 표준의.
993	正如	zhèng rú	다시피, 마따나
994	正义	zhèng yì	정의
995	证实	zhèng shí	실증하다. 사실을 증명하다.
996	证书	zhèng shū	증서. 증명서.
997	挣	zhēng	(돈, 재산 등을)벌다.
998	挣扎	zhēng zhá	힘써 버티다, 발버둥치다
999	之内	zhī nèi	…의 안….의 내
1000	之外	zhī wài	(일정 범위의) 밖. 외
1001	之下	zhī xià	…의 아래….의 밑
1002	之中	zhī zhōng	(어떤 집단이나 범위의) 가운데. 중. 속. 내. 사이
1003	支出	zhī chū	지출하다.
1004	支配	zhī pèi	안배하다. 분배하다. 배치하다.
1005	执行	zhí xíng	집행하다, 실행하다. 실시하다
1006	直线	zhí xiàn	직선, 직선으로. 급격히
1007	值班	zhí bān	당번이 되다. 당직을 맡다.
1008	职能	zhí néng	직능. 직책과 기능.
1009	职位	zhí wèi	직위

 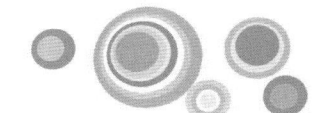

1010	职务	zhí wù	직무
1011	只不过	zhǐ bú guò	다만 ~에 불과하다
1012	只见	zhǐ jiàn	다만 만을 보다
1013	指标	zhǐ biāo	지표. 목표
1014	指甲	zhǐ jiǎ	손〔발〕톱.
1015	指示	zhǐ shì	가리키다, 지시(하다).
1016	指责	zhǐ zé	지적하다. 질책하다. 책망하다.
1017	至	zhì	이르다. …까지 도달하다
1018	制成	zhì chéng	로 만들다, 완성하다
1019	制约	zhì yuē	제약하다.
1020	治安	zhì ān	치안, 사회의 안녕과 질서
1021	治理	zhì lǐ	통치하다. 다스리다. 관리하다.
1022	中断	zhōng duàn	중단하다. 중단되다. 끊다. 끊기다.
1023	中秋节	zhōng qiū jié	추석
1024	中央	zhōng yāng	중앙
1025	中药	zhōng yào	한약
1026	终点	zhōng diǎn	종착점. 종점. 종착지.
1027	终身	zhōng shēn	일생. 평생. 종신.
1028	终止	zhōng zhǐ	마치다. 정지하다. 중지하다. 끝내다.
1029	中毒	zhòng dú	중독, 해를 입다. 나쁜 영향을 받다
1030	众多	zhòng duō	(인구나 문제 등이) 매우 많다
1031	周期	zhōu qí	주기.
1032	竹子	zhú zi	대나무
1033	主办	zhǔ bàn	주최하다.
1034	主导	zhǔ dǎo	주도하다
1035	主观	zhǔ guān	주관적이다.
1036	主管	zhǔ guǎn	주관하다, 관할하다
1037	主体	zhǔ tǐ	주체, (사물의) 주요 부분
1038	助理	zhù lǐ	보조하다. 보좌하다.
1039	助手	zhù shǒu	조수, 선수 보조원
1040	注册	zhù cè	등록하다. 등기하다.
1041	注射	zhù shè	주사하다.
1042	注视	zhù shì	(면밀하게) 주시하다. 주의 깊게 살피다.
1043	注重	zhù zhòng	중시하다. 중점을 두다.
1044	祝贺	zhù hè	축하하다

1045	专辑	zhuān jí	앨범
1046	专利	zhuān lì	특허. 이익을 독점하다
1047	转化	zhuǎn huà	로 변하다, 전화(하다)
1048	转换	zhuǎn huàn	전환하다, 변하다
1049	转让	zhuǎn ràng	양도하다. 넘겨주다.
1050	转向	zhuǎn xiàng	방향을 바꾸다/정치적 입장을 바꾸다
1051	装饰	zhuāng shì	장식품 / 장식하다.
1052	撞	zhuàng	부딪치다. 마주치다, 우연히 만나다
1053	资本	zī běn	자본, 밑천. 본전
1054	资产	zī chǎn	재산, 자산.
1055	资助	zī zhù	(재물로) 돕다.
1056	子弹	zǐ dàn	총알
1057	仔细	zǐ xì	자세하다, 세심하다
1058	紫	zǐ	자색, 자주빛
1059	自豪	zì háo	자랑스럽다. 스스로 긍지를 느끼다.
1060	自杀	zì shā	자살하다
1061	自愿	zì yuàn	자원하다.
1062	总裁	zǒng cái	총재
1063	总数	zǒng shù	총액
1064	总算	zǒng suàn	겨우. 간신히, 마침내, 드디어
1065	总体	zǒng tǐ	전체
1066	阻碍	zǔ ài	(진행하지 못하도록) 가로막다.
1067	组织	zǔ zhī	조직하다; 조직
1068	醉	zuì	취하다
1069	尊敬	zūn jìng	존경하다
1070	尊重	zūn zhòng	존중하다, 중시하다
1071	遵守	zūn shǒu	준수하다, 지키다

신 HSK 6급 필수 단어 1140

	중국어	발음	한국어
1	挨着	āi zhe	연이어. 가까이 하여.
2	挨	āi	순서를 따르다. (하나하나) 순번을 좇다. / 가까이 가다.
3	挨打	āi dǎ	매 맞다, 구타당하다
4	安检	ān jiǎn	안전 검사. 보안 검사.
5	罢工	bà gōng	파업(하다). 스트라이크(하다).
6	罢了	bà le	에이, 할 수 없다. 어쩔 수 없다. 망했다.
7	白领	bái lǐng	화이트칼라
8	百分点	bǎi fēn diǎn	퍼센트, %
9	办公	bàn gōng	근무하다. 공무[사무]를 보다.
10	办事处	bàn shì chù	사무소
11	办学	bàn xué	학교를 설립하다. / 학교를 경영[운영]하다.
12	半决赛	bàn jué sài	준결승
13	傍晚	bàng wǎn	저녁 무렵. 해 질 무렵. 황혼.
14	保健	bǎo jiàn	보건(하다)
15	报刊	bào kān	신문·잡지 등의 간행물.
16	报考	bào kǎo	응시원서를 내다. 시험에 응시하다.
17	抱歉	bào qiàn	미안하게 생각하다. 미안해하다.
18	暴风雨	bào fēng yǔ	폭풍우
19	暴力	bào lì	폭력
20	暴露	bào lù	폭로하다. 드러내다.
21	暴雨	bào yǔ	폭우
22	爆	bào	터지다, 폭발하다. / 뜻밖에 나타나다. 갑자기 발생하다.
23	爆发	bào fā	폭발하다. / 발발하다. 돌발하다. 갑자기 터져 나오다.
24	爆炸	bào zhà	폭발하다. 작렬(炸裂)(하다).
25	悲惨	bēi cǎn	비참하다.
26	背心	bèi xīn	조끼
27	背着	bèi zhe	(등에) 짊어지다
28	被告	bèi gào	피고인. 피고.
29	奔跑	bēn pǎo	빨리 뛰다. 분주히 싸다니다.

30	本	běn	(초목의) 뿌리나 줄기. / (사물의) 근본. 기초. 근원.
31	本地	běn dì	본지. 이 땅 / 국소적
32	本期	běn qí	당기
33	本身	běn shēn	(사람이나 물건·일의) 그 자신. 그 자체.
34	本土	běn tǔ	태어난 고향. / 본국(의 영토).
35	本质	běn zhí	본질 / (사람의) 본성.
36	逼	bī	핍박하다. 죄다. / 호되게 독촉하여 받다.
37	笔试	bǐ shì	필기 시험
38	必将	bì jiāng	반드시 …할 것이다
39	必修	bì xiū	필수의
40	闭	bì	닫다. 다물다. / 막히다. 막혀 통하지 않다.
41	边缘	biān yuán	가 가장자리. 계선. / (경계에) 근접한.
42	编制	biān zhì	엮다, 겯다. / 편제. 인원의 구성.
43	扁	biǎn	평평하다. 납작하다. 넓고 얇다.
44	变更	biàn gēng	개변(하다). 변경(하다). 고치다.
45	变换	biàn huàn	변환하다. 바꾸다. 바꾸어지다.
46	变形	biàn xíng	모양이 변하다. 변형하다. / 변형.
47	便	biàn	편리한 때 또는 기회. 편리. 편의. 계제./편리하다. 편하다.
48	便是	biàn shì	다른 것이 아니라 곧
49	遍地	biàn dì	도처. 곳곳
50	表面上	biǎo miàn shàng	표면적으로
51	病房	bìng fáng	병실
52	病情	bìng qíng	병세. 병상.
53	拨打	bō dǎ	전화를 걸다.
54	波动	bō dòng	파동 / 동요하다. 술렁거리다.
55	波浪	bō làng	파도. 물결.
56	播	bō	퍼뜨리다. 전파하다. 살포하다.
57	不便	bú biàn	불편하다. 편리하지 않다. 형편이 좋지 않다.
58	不见	bú jiàn	보지 않다, 만나지 않다.
59	不料	bú liào	뜻밖에. 의외에.
60	不再	bú zài	이미 …가 아니다. 더는 …아니다. 다시 …하지 않다.
61	不至于	bú zhì yú	…어 이르지 못하다.…에 미치지 않다.
62	补考	bǔ kǎo	추가[재]시험(을 보다).
63	补课	bǔ kè	보충 수업을 하다. 보강하다. 학원에 가다.
64	补习	bǔ xí	보습하다. 학원에 가다.

65	补助	bǔ zhù	보조하다
66	捕	bǔ	붙잡다. 체포하다
67	不成	bù chéng	안 된다, 쓸모없다
68	不禁	bù jīn	금치 못하다. 참지 못하다. 견디지 못하다. 자기도 모르게.
69	不仅仅	bù jǐn jǐn	...뿐만 아니다.
70	不通	bù tōng	통하지 않다. 막히다, 융통성이 없다.
71	不怎么	bù zě me	별로. 그다지. / 별로 ~하지 않다. 그다지 ~하지 않다.
72	不怎么样	bù zě me yàng	별로 좋지 않다. 보통이다.
73	不值	bù zhí	가치가 없다, 하찮다
74	布满	bù mǎn	가득 널리다.
75	部队	bù duì	부대. 군대.
76	采纳	cǎi nà	(건의·의견·요구 등을) 받아들이다. 채납하다.
77	踩	cǎi	밟다. 짓밟다. / 발에 힘을 주어 밟다.
78	参赛	cān sài	시합에 참가하다.
79	参展	cān zhǎn	전시회에 참가하다. 전람회에 출품하다.
80	餐	cān	식사
81	残疾	cán jí	불구가 되다. / 신체장애자.
82	残疾人	cán jí rén	장애인. 장애자. 장애우. 불구자.
83	残酷	cán kù	잔혹하다. /(생활·환경이) 참혹[비참]하다.
84	惨	cǎn	비참하다. 끔찍하다. 처참하다
85	仓库	cāng kù	창고. 곡물 창고.
86	藏	cáng	숨기다. / 저장하다. 맡아 두다.
87	操纵	cāo zòng	(기계·기기 등을) 제어하다. 다루다. 조작하다.
88	厕所	cè suǒ	변소
89	侧	cè	옆. 곁. 측면
90	测定	cè dìng	측정(하다)
91	策划	cè huà	획책[계획](하다). 기획(하다). 계략을 꾸미다.
92	策略	cè lüè	책략. 전술. / 전술적이다.
93	层面	céng miàn	방면. 범위. 영역. / 층면. 쌓인 물건의 면.
94	差异	chā yì	차이
95	查出	chá chū	사출하다. 조사해 찾아내다
96	查看	chá kàn	검사하다. 검열하다. 점검하다
97	拆迁	chāi qiān	집 따위를 헐어서 딴 곳으로 옮기다. / 이사하다.
98	产量	chǎn liàng	생산량
99	昌盛	chāng shèng	번창하다. 번성하다. 왕성하다.

100	长短	cháng duǎn	길이. 치수 / 어쨌든. 하여튼.
101	长假	cháng jià	장기 휴가 / 사직
102	长久	cháng jiǔ	장구(하다). 영구(하다).
103	长跑	cháng pǎo	장거리 경주
104	长远	cháng yuǎn	(미래의 시간이) 장원하다 / 기간이 길다. 오래다
105	常规	cháng guī	상규. 관례. 관행. / 흔히 사용하는 처방. 일반적 조치
106	常年	cháng nián	일년 내내. 일년 동안.
107	厂商	chǎng shāng	제조업자 생산자 / 상사(商社).
108	场地	chǎng dì	장소. 마당. 운동장. 공지. 용지. 그라운드.
109	场馆	chǎng guǎn	운동장과 체육관
110	场景	chǎng jǐng	장면. 정경.
111	畅通	chàng tōng	막힘없이 잘 통하다.
112	超	chāo	넘다, 초과하다. 넘어서다
113	超出	chāo chū	넘다, 초과하다.
114	炒	chǎo	(기름 따위로) 볶다. / 해고하다. / 투기하다.
115	炒股	chǎo gǔ	주식 투기하다.
116	炒作	chǎo zuò	대대적으로 선전하다. / 투기를 하다.
117	车号	chē hào	자동차 번호. 자동차 등록번호
118	车牌	chē pái	자동차 면허증
119	车展	chē zhǎn	자동차전시회
120	撤离	chè lí	떠나다. 철수하다. 퇴각하다. 철퇴하다. 퇴거하다.
121	撤销	chè xiāo	(법령 따위를) 폐지하다. 파기하다. (계약 따위를) 취소하다.
122	撑	chēng	버티다. 괴다 / 상앗대로 배질을 하다.
123	成	chéng	이루다. 완성하다. 성공하다. / (...으로) 되다. (...으로) 변하다.
124	成分	chéng fèn	성분. 요소. / 비용. 생산비. 비목. / (출신) 성분. (출신) 계급.
125	成品	chéng pǐn	제품. 완제품
126	承诺	chéng nuò	승낙하다. 대답하다.
127	城区	chéng qū	도시 지역
128	城乡	chéng xiāng	도시와 농촌.
129	城镇	chéng zhèn	도시와 읍.
130	持有	chí yǒu	소지하다. 가지고 있다.
131	冲击	chōng jí	세지 부딪치다. 충돌하다. / 충격. 쇼크.
132	重建	chóng jiàn	재건하다
133	重组	chóng zǔ	개편
134	崇拜	chóng bài	숭배(하다)

135	宠物	chǒng wù	애완동물
136	冲	chōng	요충. 요로(要路). 요지(要地). / 돌진하다. 돌파하다.
137	出场	chū chǎng	출장하다 / 배우가 무대에 나오다.
138	出动	chū dòng	군대가) 출동하다 / (군대를) 파견하다. 출동시키다.
139	出访	chū fǎng	외국에 방문하러 가다.
140	出路	chū lù	발전의 여지. 출구.
141	出面	chū miàn	친히 나가서 사무를 처리하다 / (명의로) 이름을 내다.
142	出名	chū míng	이름이 나다. 유명해지다.
143	出入	chū rù	드나듦. 드나들다. 출입(하다). / (숫자 등의) 차이. 오차.
144	出事	chū shì	사고가 발생하다
145	出台	chū tái	배우가 무대에 오르다 / 공포하거나 실시하다
146	出行	chū xíng	다른 지역으로 가다. 외출하여 멀리 가다.
147	初等	chū děng	비교적 낮은. 기초적인. 초급의.
148	除	chú	없애다. 제거하다. / 제외하다.
149	厨师	chú shī	요리사
150	储存	chú cún	저장하여 두다. 저축하여 두다.
151	处处	chù chù	도처에. 어디든지. 각 방면에.
152	处长	chù zhǎng	처장
153	传出	chuán chū	전해 내려오다
154	传媒	chuán méi	미디어
155	传输	chuán shū	수송하다. 전송하다 / 전송. 송신
156	传言	chuán yán	떠도는 말. 소문. 풍문 / (남의) 말을 전하다.
157	船员	chuán yuán	선원
158	船长	chuán zhǎng	선장
159	船只	chuán zhī	배. 선박.
160	串	chuàn	꿰다. 한 패[무리]가 되다 / 친척.
161	窗口	chuāng kǒu	창문. 창가. 창문 옆
162	创办	chuàng bàn	창립[창설]하다.
163	创建	chuàng jiàn	창건하다. 창립하다. 창설하다.
164	创意	chuàng yì	새로운 의견/아이디어. 새로운 고안. 창의.
165	此处	cǐ chù	이곳. 여기.
166	此次	cǐ cì	이번. 금번.
167	此前	cǐ qián	이전
168	此事	cǐ shì	이 일. 이 사건.
169	此致	cǐ zhì	이에 ...에 보냅니다

170	次数	cì shù	횟수
171	从不	cóng bù	지금까지...안 한다. 항상....안 한다.
172	从没	cóng méi	여태까지...한 적이 없다.
173	醋	cù	식초. 초. / 질투. 강샘. 샘.
174	村庄	cūn zhuāng	마을. 촌락. 부락.
175	错过	cuò guò	놓치다 / 스치고 지나가다.
176	搭	dā	널다. 걸치다. 걸다. / (막 따위를) 치다. 세우다. 놓다.
177	搭档	dā dàng	협력하다. 짝이 되다. / 파트너
178	搭配	dā pèi	배합하다. 조합하다. / 결합하다. 안배하다.
179	打动	dǎ dòng	마음을 움직이다[울리다]. 감동시키다.
180	打断	dǎ duàn	끊다, 끊어 버리다. 자르다. 잘라 버리다.
181	打法	dǎ fǎ	전법 / 방식·법수·방법.
182	打官司	dǎ guān sī	소송을 걸다[일으키다].
183	打牌	dǎ pái	마작·트럼프 따위를 하다.
184	打印机	dǎ yìn jī	프린터.
185	打造	dǎ zào	만들다. 제조하다.
186	大道	dà dào	큰길. 가로 / 올바른 도리. 정도.
187	大街	dà jiē	큰길. 번화가. 큰 거리
188	大力	dà lì	큰 힘. 강력 / 강력하게. 힘껏.
189	大米	dà mǐ	쌀
190	大批	dà pī	대량의. 대량으로
191	大赛	dà sài	규모가 큰 경기
192	大师	dà shī	거장. 대가. 권위자.
193	大使	dà shǐ	대사
194	待会儿	dài huì er	잠시 머물다. 좀 기다리다. 잠시 후에. 이따(가).
195	担忧	dān yōu	걱정하다. 근심하다.
196	单打	dān dǎ	(테니스·탁구 등의) 단식
197	诞生	dàn shēng	탄생하다. 태어나다. 출생하다.
198	党	dǎng	당. 정당.
199	当	dāng	...를 향하다 / 당연히[응당]...해야 하다.
200	当成	dàng chéng	...로 여기다
201	当天	dàng tiān	당일, 그 날
202	当作	dàng zuò	(...로) 삼다.
203	档	dàng	(격자로 짠) 선반이나 장. / 문서. 서류. 파일.
204	档案	dǎng àn	분류하여 보관하는 공문서. / 파일

205	岛	dǎo	섬
206	到期	dào qī	기한이 되다. 만기가 되다.
207	盗版	dào bǎn	해적판을 내다[출판하다, 찍다].
208	道教	dào jiào	도교
209	道歉	dào qiàn	사과하다. 사죄하다. 미안함을 표시하다.
210	低头	dī tóu	머리를 숙이다 / 굴복하다.
211	低温	dī wēn	저온. 저체온.
212	滴	dī	물방울 . 한 방울씩 떨어지다[떨어뜨리다].
213	抵达	dǐ dá	도달(하다). 도착(하다).
214	抵抗	dǐ kàng	저항(하다). 대항(하다).
215	地板	dì bǎn	바닥. 마루. 마루청.
216	地名	dì míng	지명
217	地下室	dì xià shì	지하실
218	电车	diàn chē	전차, 트롤리버스.
219	电动	diàn dòng	전동, 전기
220	电力	diàn lì	전력.
221	电器	diàn qì	전기 기구. 가전제품
222	吊	diào	걸다. 매달다. / (끈으로 매서) 들어 올리다 / 기중기. 크레인.
223	调研	diào yán	조사 연구(하다)
224	跌	diē	넘어지다./떨어지다. 내리다.
225	定价	dìng jià	가격을 정하다 / 정가.
226	定时	dìng shí	시간을 정하다 / 정시. 정해진 시간.
227	定位	dìng wèi	위치를 측정하다. / 자리를 정하다. 매기다./확정된 위치.
228	动画	dòng huà	만화 영화. / 동화상.
229	斗争	dòu zhēng	투쟁(하다) / 분투·노력하다.
230	都市	dū shì	도시. 도회.
231	毒品	dú pǐn	(모르핀·코카인·마약 따위의) 독물
232	赌	dǔ	도박(을 하다). / 내기를 걸다.
233	赌博	dǔ bó	노름(하다). 도박(하다).
234	渡	dù	(물을) 건너다. (사람이나 화물을 싣고) 물을 건너다.
235	端	duān	(사물의) 끝. / (일의) 발단. 시작.
236	端午节	duān wǔ jié	단오절
237	短片	duǎn piàn	단편 영화. 짧은 영상
238	队伍	duì wǔ	대오. 대열. / 군대.
239	对抗	duì kàng	대항(하다). 반항(하다).

240	对外	duì wài	대외(의). 대외적인.
241	蹲	dūn	쪼그리고 앉다, 웅크려 앉다./(집에) 틀어박히다.
242	多半	duō bàn	대다수. 대부분 / 대개. 아마.
243	多方面	duō fāng miàn	다방면의. 다각도의. 여러 방면을 갖추고 있는.
244	多媒体	duō méi tǐ	멀티미디어
245	夺	duó	강제로 빼앗다. 쟁취하다.
246	夺取	duó qǔ	(무력으로) 빼앗다. 탈취하다. / 애써 얻다. 쟁취하다.
247	恩人	ēn rén	은인
248	儿科	ér kē	소아과
249	发病	fā bìng	병이 나다. (병이) 도지다.
250	发电	fā diàn	전보를 치다. 발전(하다).
251	发放	fā fàng	정부나 기구 등이) 돈이나 물자를 방출하다
252	发怒	fā nù	노하다. 성내다
253	发起	fā qǐ	제창하다. 발기하다
254	发言人	fā yán rén	대변인
255	发炎	fā yán	염증을 일으키다
256	法庭	fǎ tíng	법정
257	法语	fǎ yǔ	프랑스어
258	番	fān	외국. 이민족/종류. 가지. 종
259	番茄	fān qié	토마토
260	凡是	fán shì	대강. 대체로. 무릇, 만약 …한다면
261	繁殖	fán zhí	번식하다
262	反抗	fǎn kàng	반항하다.
263	反问	fǎn wèn	반문하다./반어법
264	反响	fǎn xiǎng	반향, 메아리치다
265	犯	fàn	저촉되다. 위반하다, 침범하다. 건드리다
266	犯规	fàn guī	반칙하다, 규칙을 위반하다
267	犯罪	fàn zuì	범죄, 죄를 범하다
268	防范	fáng fàn	방비하다. 경비하다
269	防守	fáng shǒu	수비하다. 방어하다.
270	房价	fáng jià	집값
271	仿佛	fǎng fú	마치 …인 듯하다, 유사하다. 비슷하다
272	飞船	fēi chuán	비행선
273	飞行员	fēi xíng yuán	조종사
274	肺	fèi	폐. 마음속. 심중

275	分工	fēn gōng	분업하다, 분담하다
276	分裂	fēn liè	분열하다. 결별하다.
277	愤怒	fèn nù	분노
278	风暴	fēng bào	폭풍. 폭풍우.
279	峰会	fēng huì	정상 회담
280	奉献	fèng xiàn	바치다. 공헌하다. 이바지하다. 기여하다.
281	佛	fú	불
282	佛教	fó jiào	불교
283	服	fú	의복. 의상
284	浮	fú	뜨다. 띄우다
285	父女	fù nǚ	부여
286	父子	fù zǐ	부자
287	负	fù	지다. 메다/등지다. 뒤에 두다
288	妇女	fù nǚ	부녀자. 여성
289	复苏	fù sū	재생(하다). 회복(하다)
290	副	fù	부, 부대적인. 부수적인
291	副	fù	한 쌍. 한 벌
292	富人	fù rén	부자
293	富有	fù yǒu	부유하다. 유복하다
294	改装	gǎi zhuāng	옷맵시를 바꾸다. 장식을 바꾸다
295	干涉	gān shè	간섭하다, 관계하다
296	肝	gān	간
297	杆	gān	막대
298	赶不上	gǎn bú shàng	따라가지 못하다, 제 시간에 댈 수 없다
299	赶忙	gǎn máng	서둘러. 급히. 재빨리
300	赶上	gǎn shàng	따라잡다, 시간에 대다
301	敢于	gǎn yú	대담하게 …하다. 용감하게 …하다
302	感人	gǎn rén	감동[감격]시키다. 감명을 주다
303	刚好	gāng hǎo	꼭 알맞다, 알맞게
304	岗位	gǎng wèi	직장. 부서. 근무처.
305	港口	gǎng kǒu	항구. 항만.
306	高层	gāo céng	고위층
307	高档	gāo dàng	고급의. 상등의
308	高等	gāo děng	고등, 고급
309	高峰	gāo fēng	고봉. 최고위층

310	高考	gāo kǎo	수능 시험.
311	高科技	gāo kē jì	그기술. 첨단기술. 하이테크놀로지
312	高手	gāo shǒu	명수, 고수
313	稿子	gǎo zi	원고
314	歌唱	gē chàng	노래 부르다
315	歌词	gē cí	가사
316	歌星	gē xīng	가수
317	革新	gé xīn	혁신
318	更是	gèng shì	더욱 더
319	工商	gōng shāng	공상. 상공. 공업과 상업
320	公	gōng	국유의. 공유의
321	公安	gōng ān	사회의 치안
322	公鸡	gōng jī	수탉
323	公众	gōng zhòng	공중, 대중
324	公主	gōng zhǔ	공주
325	攻击	gōng jí	공격(하다). 비난(하다)
326	供给	gōng jǐ	공급(하다). 급여(하다)
327	宫	gōng	궁전,(신화 따위에서) 신이 사는 곳.
328	巩固	gǒng gù	견고하다. 공고하다. 튼튼하다.
329	贡献	gòng xiàn	공헌, 기여하다
330	构建	gòu jiàn	구축하다, 세우다
331	孤独	gū dú	고독하다. 외롭다. 쓸쓸하다
332	孤儿	gū ér	고아, 아비 없는 자식
333	姑姑	gū gū	고모
334	古典	gǔ diǎn	고전, 전고
335	股	gǔ	주, 넓적다리,(기관·기업·단체의) 조직 단위
336	股东	gǔ dōng	주주, 출자자
337	股票	gǔ piào	주식
338	故障	gù zhàng	고장
339	顾	gù	배려하다/뒤돌아보다. 돌이켜보다
340	刮	guā	깎다. 밀다
341	拐	guǎi	방향을 바꾸다, 다리를 절룩거리다
342	关爱	guān ài	관심을 갖고 귀여워하다
343	关联	guān lián	관련하다, 관계하다
344	观光	guān guāng	관광하다. 참관하다. 견학하다.

345	官司	guān sī	소송. 재판
346	管道	guǎn dào	파이프, 도관.
347	光辉	guāng huī	광휘. 찬란한 빛, 찬란하다. 훌륭하다
348	广阔	guǎng kuò	넓다. 광활하다.
349	轨道	guǐ dào	궤도.
350	跪	guì	무릎을 꿇다. 꿇어앉다.
351	国产	guó chǎn	국산
352	国歌	guó gē	국가
353	国会	guó huì	국회
354	国旗	guó qí	국기
355	国王	guó wáng	왕
356	果酱	guǒ jiàng	잼, 과일 쨈
357	果树	guǒ shù	과일 나무, 과수
358	过渡	guò dù	과도하다. 건너다. 이행하다
359	过后	guò hòu	이후. 나중
360	过时	guò shí	시대에 뒤떨어지다, 유행이 지나다
361	海报	hǎi bào	포스터
362	海底	hǎi dǐ	해저, 바다의 밑바닥
363	海军	hǎi jūn	해군
364	海浪	hǎi làng	파도, 파랑
365	海外	hǎi wài	해외, 외국.
366	海湾	hǎi wān	만, 걸프
367	海洋	hǎi yáng	해양
368	好(不)容易	hǎo (bù) róng yì	겨우. 가까스로. 간신히
369	好似	hǎo sì	마치 ...과 비슷하다. 마치 ...같다
370	好转	hǎo zhuǎn	호전(되다), 나아지다
371	好学	hào xué	배우기 좋아하다
372	合约	hé yuē	계약
373	和谐	hé xié	잘 어울리다. 조화롭다. 잘 맞다.
374	核心	hé xīn	핵심
375	黑夜	hēi yè	밤/어두운 사회
376	很难说	hěn nán shuō	말하기 어렵다
377	狠	hěn	모질다. 잔인하다
378	横	héng	지면과의 평행을 가리킴
379	衡量	héng liáng	따져보다. 판단하다

380	宏大	hóng dà	웅대하다. 거대하다
381	洪水	hóng shuǐ	큰물. 홍수.
382	忽略	hū lüè	소홀히 하다. 부주의하다.
383	壶	hú	항아리. 주전자.
384	互动	hù dòng	상호 작용
385	户外	hù wài	야외, 호외. 옥외. 실외
386	护	hù	지키다. 보호하다
387	花费	huā fèi	쓰다. 들이다/비용. 경비
388	花瓶	huā píng	화병,(장식품에 지나지 않는) 여사무원
389	花生	huā shēng	땅콩
390	化解	huà jiě	풀다,녹다, 용해하다
391	幻想	huàn xiǎng	환강. 공상. 몽상
392	患者	huàn zhě	환자.
393	皇帝	huáng dì	황제
394	回应	huí yīng	수신 단말 확인, 반응. 호응
395	毁	huǐ	부수다. 파괴하다. 훼손하다
396	会见	huì jiàn	회견(하다). 접견(하다)
397	会长	huì zhǎng	회장
398	绘画	huì huà	그림을 그리다
399	昏	hūn	황혼, 어둡다
400	混	hùn	섞다. 혼합하다. 뒤섞다
401	混合	hùn hé	혼합하다. 함께 섞다.
402	混乱	hǔn luàn	혼란하다. 문란하다. 어지럽다.
403	活跃	huó yuè	활기를 띠게 하다. 활발히 하다
404	火箭	huǒ jiàn	불화살. 로켓.
405	机动车	jī dòng chē	자동차
406	机关	jī guān	기관. 공공 사무를 처리하는 부서나 조직
407	机械	jī xiè	기계. 기계 장치.
408	基督教	jī dū jiào	기독교
409	激情	jī qíng	격정. 열정적인 감정.
410	吉利	jí lì	길하다
411	吉祥	jí xiáng	상서롭다. 길하다. 운수가 좋다. 행운이다.
412	极端	jí duān	극단
413	急救	jí jiù	응급 조처를 취하다, 응급 치료를 하다
414	疾病	jí bìng	병. 질병.

415	集	jí	모이다. 모으다
416	给予	jǐ yǔ	주다. 부여하다.
417	加盟	jiā méng	동맹이나 연맹에 가입하다
418	家电	jiā diàn	가전. 가정용 전기 기구
419	家园	jiā yuán	집의 정원, 고향. 가정
420	嘉宾	jiā bīn	귀한 손님. 훌륭한 손님
421	假日	jià rì	휴일
422	尖	jiān	날카롭다. 뾰족하다
423	检测	jiǎn cè	검사·측정하다
424	监督	jiān dū	감독하다.
425	捡	jiǎn	줍다. 거두다. 치우다
426	简介	jiǎn jiè	간단한 설명. 간단한 소개
427	剑	jiàn	(양쪽에 날이 있는) 큰 칼. 검
428	鉴定	jiàn dìng	감정하다. 판정하다
429	箭	jiàn	화살
430	将军	jiāng jūn	장군.
431	讲课	jiǎng kè	강의하다
432	酱	jiàng	소스
433	酱油	jiàng yóu	간장
434	骄傲	jiāo ào	거만하다, 자랑스러워하다
435	焦点	jiāo diǎn	초점.
436	脚印	jiǎo yìn	발자국
437	觉	jué	느낌, 감각
438	教堂	jiào táng	교회당. 예배당
439	教育部	jiào yù bù	교육부
440	接收	jiē shōu	받다, 받아들이다. 수취하다
441	揭	jiē	벗기다. 떼다. 뜯다
442	街头	jiē tóu	가두. 길거리
443	节	jié	조절하다. 억제하다/절. 마디
444	节假日	jié jià rì	경축일과 휴일
445	节能	jié néng	에너지를 절약하다
446	节奏	jié zòu	리듬. 박자. 장단. 절주.
447	杰出	jié chū	걸출하다. 출중하다. 뛰어나다
448	截止	jié zhǐ	마감하다. 일단락 짓다
449	截至	jié zhì	(시간적으로) …까지 마감이다.

450	解	jiě	나누다. 가르다, 열다. 끄르다
451	解说	jiě shuō	해설하다. 설명하다
452	界	jiè	지경. 경계
453	界（文艺界）	jiè (wén yì jiè)	계(문예계)
454	借鉴	jiè jiàn	참고로 하다. 본보기로 삼다
455	金额	jīn é	금액
456	金钱	jīn qián	금전. 돈
457	金融	jīn róng	금융
458	尽	jǐn	다 없어지다. 다하다
459	进攻	jìn gōng	공격하다. 진공하다. 진격하다
460	近日	jìn rì	근일, 근래
461	近视	jìn shì	근시. 근시안적이다, 안목이 짧다
462	惊人	jīng rén	사람을 놀라게 하다
463	惊喜	jīng xǐ	놀람과 기쁨
464	精	jīng	훌륭하다. 우수하다
465	精美	jīng měi	정미하다. 정밀하고 아름답다
466	精品	jīng pǐn	정품. 정선품
467	井	jǐng	우물
468	景	jǐng	경치. 풍경. 풍치
469	景点	jǐng diǎn	경치가 좋은 곳, 명소
470	净	jìng	깨끗하다. 청결하다
471	纠纷	jiū fēn	다툼. 분쟁. 분규. 갈등. 알력
472	纠正	jiū zhèng	(사상·잘못을) 고정하다. 고치다. 바로잡다
473	酒水	jiǔ shuǐ	술. 주류
474	救命	jiù mìng	목숨을 구하다
475	救援	jiù yuán	구원하다
476	救助	jiù zhù	구원하다
477	就是说	jiù shì shuō	요컨대. 다시 말하면
478	就算	jiù suàn	설령 …이라도
479	局	jú	형세. 형편
480	剧	jù	연극. 극
481	据	jù	증거. 증서, 의거하다
482	捐	juān	기부하다. 헌납하다
483	捐款	juān kuǎn	돈을 기부하다
484	捐赠	juān zèng	기증하다. 기부하다. 헌납하다

485	捐助	juān zhù	재물을 기부하여 돕다
486	决策	jué cè	방법·정책을 결정하다
487	觉悟	jué wù	깨닫다. 인식하다. 깨어나다. 각성하다.
488	绝	jué	끊다. 단절하다
489	绝大多数	jué dà duō shù	압도적인 대다수
490	军队	jūn duì	군대.
491	军舰	jūn jiàn	군함
492	军事	jūn shì	군사
493	开创	kāi chuàng	창조하다, 창립하다
494	开关	kāi guān	스위치, 개폐기. 전환기
495	开设	kāi shè	설립하다. 차리다
496	开通	kāi tōng	개통하다. 열다
497	开通	kāi tōng	개통하다. 열다
498	开头	kāi tóu	(일·행동·현상 따위가) 시작되다
499	开夜车	kāi yè chē	야간열차를 운전하다
500	看	kàn	보다, 구경하다
501	看得见	kàn dé jiàn	볼 수 있다, 보이다
502	看得起	kàn dé qǐ	중시하다. 존중하다
503	看好	kàn hǎo	잘 되리라 예측하다, 잘 보다. 끝까지 보다
504	看作	kàn zuò	…로 간주하다, …로 여겨다
505	康复	kāng fù	건강을 회복하다
506	抗议	kàng yì	항의하다
507	考场	kǎo chǎng	시험장
508	考题	kǎo tí	시험 문제
509	科研	kē yán	과학기술 연구
510	客车	kè chē	객차, 대형 승용차
511	肯	kěn	뼈에 붙어 있는 살. 동의하다
512	空军	kōng jūn	공군
513	口试	kǒu shì	구술시험. 구두시험
514	扣	kòu	채우다. 걸다, 뒤집어 놓다
515	酷	kù	잔혹하다. 포학하다
516	跨	kuà	(큰 걸음으로) 뛰어넘다. 건너뛰다.
517	快车	kuài chē	급행 열차
518	宽阔	kuān kuò	넓다, 헐렁헐렁하다
519	矿	kuàng	광물

520	阔	kuò	넓다, 광활하다
521	啦	la	감탄사
522	来往	lái wǎng	오고 가다. 왕래하다
523	赖	lài	의지하다. 기대다. 의뢰하다
524	栏目	lán mù	(신문·잡지 등의) 난. 항목.
525	蓝领	lán lǐng	블루 칼라, 육체노동자
526	蓝天	lán tiān	파란 하늘
527	懒	lǎn	게으르다, 나태하다
528	牢	láo	감옥/굳다. 견고하다
529	老乡	lǎo xiāng	동향 사람, 농부 아저씨
530	冷气	lěng qì	냉각 공기
531	冷水	lěng shuǐ	냉수. 찬물
532	礼堂	lǐ táng	강당, 식장
533	理	lǐ	결. 무늬, 도리. 조리
534	理财	lǐ cái	재정을 관리하다
535	理智	lǐ zhì	이지. 이성
536	力（影响力）	lì (yǐng xiǎng lì)	력 (영향력)
537	利	lì	예리하다. 날카롭다/이익/유익하다
538	联盟	lián méng	연맹. 동맹.
539	联赛	lián sài	리그전
540	联手	lián shǒu	제휴하다, 손을 마주 잡다
541	凉鞋	liáng xié	샌들
542	两侧	liǎng cè	양쪽
543	两手	liǎng shǒu	두손, 양손
544	聊	liáo	이야기하다. 채팅하다, 수다를 떨다
545	聊天儿	liáo tiān er	이야기하다. 채팅하다, 수다를 떨다
546	料	liào	예상하다. 예측하다/재료. 원료
547	料	liào	예상하다. 예측하다/재료. 원료
548	裂	liè	갈라지다, 찢어지다
549	灵活	líng huó	민첩하다. 재빠르다.융통성이 있다
550	领取	lǐng qǔ	받다, 수령하다
551	领袖	lǐng xiù	지도자. 리더.
552	另	lìng	다른. 그 밖[이외]의
553	留言	liú yán	메모. 전해 둔 말/말을 남기다
554	流感	liú gǎn	인플루엔자

 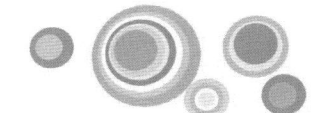

555	楼道	lóu dào	복도, 회랑
556	楼房	lóu fáng	층집
557	露	lù	이슬, 시럽이나 주스·과실주 따위.
558	陆军	lù jūn	육군
559	录像	lù xiàng	녹화하다
560	录音机	lù yīn jī	녹음기
561	路过	lù guò	(일정한 곳을) 거치다. 통과하다
562	露	lù	이슬, 시럽이나 주스·과실주 따위.
563	旅店	lǚ diàn	여인숙, 여관
564	绿化	lǜ huà	녹화하다
565	马车	mǎ chē	마차
566	嘛	ma	조사 서술문 뒤에 쓰여 당연함을 나타냄.
567	埋	mái	묻다, 숨기다. 감추다
568	馒头	mán tou	만터우 (소 없는 찐빵)
569	慢车	màn chē	완행 (열)차.
570	盲人	máng rén	맹인. 소경. 장님
571	梅花	méi huā	매화, 음력 섣달에 피는 매화
572	美容	měi róng	용모를 아름답게 꾸미다
573	蒙	méng	무지(無知). 멍하다.
574	蒙	méng	덮다. 가리다. 덮어쓰다
575	猛	měng	맹렬하다, 용감하다
576	棉	mián	목화와 목면의 통칭
577	免得	miǎn dé	…하지 않도록.면하다. 피하다.
578	面对面	miàn duì miàn	얼굴을 맞대다. 대면하다
579	面向	miàn xiàng	직면하다, 마주보다
580	妙	miào	훌륭하다, 교묘하다. 기발하다
581	灭	miè	불이 꺼지다, 불을 끄다
582	民歌	mín gē	민요
583	民工	mín gōng	잡부. 노무자, 농민
584	民警	mín jǐng	인민 경찰
585	民意	mín yì	여론, 민의
586	民主	mín zhǔ	민주주의
587	名额	míng é	정원. 인원 수.
588	名胜	míng shèng	명승
589	名义	míng yì	명의, 표면상

590	名誉	míng yù	명예. 명성.
591	明日	míng rì	내일, 장래
592	命	mìng	명, 생명, 명운
593	膜	mó	막. 얇은 껍질
594	磨	mó	마찰하다. 비비다, 갈다. 문지르다
595	没收	mò shōu	몰수하다
596	墨水	mò shuǐ	먹물. 잉크.글공부. 지식. 학문.
597	母	mǔ	어머니. 모친
598	母鸡	mǔ jī	암탉
599	母女	mǔ nǚ	모녀. 어머니와 딸
600	母子	mǔ zǐ	모녀. 어머니와 아들
601	墓	mù	무덤.
602	拿走	ná zǒu	가지고 가다
603	奶粉	nǎi fěn	분유
604	奶牛	nǎi niú	젖소
605	难忘	nán wàng	잊기 어렵다. 잊을 수 없다
606	内地	nèi dì	본토, 내지. 내륙
607	内外	nèi wài	내부와 외부
608	内衣	nèi yī	속옷
609	能否	néng fǒu	...할 수 있을까?
610	泥	ní	진흙
611	扭	niǔ	돌리다. 돌아보다, 비틀다
612	排行榜	pái háng bǎng	순위(표)
613	派出	pài chū	파견하다, 파출하다
614	判	pàn	나누다. 분별하다, 판단하다
615	盼望	pàn wàng	간절히 바라다. 희망하다
616	泡	pào	거품/물[액체]에 담그다
617	炮	pào	총
618	陪同	péi tóng	동반하다, 동행하다
619	配置	pèi zhì	배치하다, 할당
620	皮球	pí qiú	고무공
621	偏	piān	치우치다. 쏠리다
622	贫困	pín kùn	가난하다, 빈곤하다
623	品牌	pǐn pái	상표, 생산품 표준화의 품질 통일을 대표하는 명칭
624	聘请	pìn qǐng	초빙하다

625	平凡	píng fán	비범하다
626	平方米	píng fāng mǐ	평방 미터
627	平衡	píng héng	밸런스, 평형. 균형
628	平台	píng tái	플랫폼
629	评	píng	논평하다, 판정하다
630	评选	píng xuǎn	심사하여 뽑다. 선정하다
631	屏幕	píng mù	영사막. 스크린
632	坡	pō	비탈. 언덕.
633	扑	pū	돌진하여 덮치다. 갑자기 달려들다.
634	铺	pù	(물건을) 깔다. 펴다.
635	欺负	qī fù	얕보다. 괴롭히다. 능욕하다. 업신여기다.
636	奇妙	qí miào	기묘하다. 신기하다.
637	企图	qì tú	기도하다, 의도하다
638	起点	qǐ diǎn	기점, 출발점
639	起诉	qǐ sù	기소하다
640	气氛	qì fēn	분위기
641	恰当	qià dàng	알맞다. 타당하다. 적당하다.
642	恰好	qià hǎo	바로. 마침. 마침 잘
643	恰恰	qià qià	꼭. 바로. 마침
644	牵	qiān	끌다. 잡아당기다.
645	铅笔	qiān bǐ	연필
646	谦虚	qiān xū	겸손하다. 겸허하다.
647	前方	qián fāng	앞
648	前来	qián lái	다가오다. 저쪽으로부터 오다
649	潜力	qián lì	잠재 능력. 잠재력. 저력.
650	强盗	qiáng dào	강도
651	强化	qiáng huà	강화하다
652	强势	qiáng shì	강세. 강해지는 추세
653	强壮	qiáng zhuàng	강건하다. 건장하다
654	桥梁	qiáo liáng	교량. 다리.
655	巧妙	qiǎo miào	교묘하다. 절묘하다,기발하다
656	茄子	qié zi	가지
657	切实	qiè shí	확실하다. 적절하다
658	侵犯	qīn fàn	(불법적으로 타인의 합법적인 권리를) 침범하다.
659	亲属	qīn shǔ	친척

660	亲眼	qīn yǎn	제 눈으로. 직접
661	倾向	qīng xiàng	(한쪽으로) 기울다. 쏠리다. 치우치다.
662	清	qīng	맑다, 깨끗하다
663	清洁	qīng jié	깨끗하다. 청결하다.
664	清洁工	qīng jié gōng	환경미화원. 청소부
665	清明节	qīng míng jié	청명절
666	清洗	qīng xǐ	깨끗하게 씻다, (불순분자를) 제거하다
667	情绪	qíng xù	기분, 정서/불쾌한 감정
668	求职	qiú zhí	직업을 구하다. 일자리를 찾다
669	球拍	qiú pāi	라켓
670	球星	qiú xīng	(구기 운동의) 스타플레이어
671	球员	qiú yuán	구기운동 선수
672	区分	qū fēn	구분하다. 분별하다. 나누다.
673	渠道	qú dào	관개 수로. 방법
674	取款	qǔ kuǎn	철수, 예금 인출
675	取款机	qǔ kuǎn jī	현금출금기
676	去掉	qù diào	없애 버리다. 제거하다
677	权	quán	저울추, 권력. 권한.
678	权力	quán lì	권력
679	全力	quán lì	전력. 모든 힘
680	全新	quán xīn	완전히[아주] 새롭다
681	券	quàn	권. 증권, 계약서
682	缺陷	quē xiàn	결함. 결점. 부족한 점.
683	却是	què shì	실인 즉. 알고본 즉
684	让座	ràng zuò	좌석을 양보하다
685	热点	rè diǎn	분쟁이 격렬한 지방, 사람들의 주목을 끄는 것
686	热水	rè shuǐ	뜨거운 물
687	热水器	rè shuǐ qì	온수기
688	热线	rè xiàn	핫라인, 열선. 적외선
689	人权	rén quán	인권
690	认同	rèn tóng	공동체 의식, 승인. 인정
691	日夜	rì yè	밤낮(으로). 주야
692	日语	rì yǔ	일본어
693	融合	róng hé	융합하다. 마음을 탁 터놓다
694	融入	róng rù	융합되어 들어가다. 진출하다

695	如	rú	...에 따르다, ...와 같다
696	如一	rú yī	일치하다. 한결같다
697	乳制品	rǔ zhì pǐn	유제품
698	入	rù	들다, (조직이나 단체에) 가입하다
699	入学	rù xué	입학하다
700	若	ruò	...과 같다. 만약...이라면
701	塞	sāi	집어넣다. 쑤셔 넣다, 막(히)다
702	赛	sài	시합하다. 경기하다. 겨루다.
703	赛场	sài chǎng	경기장
704	三明治	sān míng zhì	샌드위치
705	丧失	sàng shī	잃어버리다. 상실하다.
706	山峰	shān fēng	산봉우리
707	山谷	shān gǔ	산골짜기
708	山坡	shān pō	산비탈
709	伤口	shāng kǒu	상처
710	伤亡	shāng wáng	사상자, 사상하다
711	伤员	shāng yuán	(주로 군대의) 부상자
712	商城	shāng chéng	대형 시장. 대형 상가
713	上当	shàng dàng	속다. 꾐에 빠지다.
714	上帝	shàng dì	하느님
715	上市	shàng shì	상장하다
716	上台	shàng tái	무대 위에 가다, 요직에 나아가다
717	上演	shàng yǎn	상연하다. 공연하다
718	勺	sháo	숟가락
719	少儿	shào ér	어린이, 소아
720	舌头	shé tou	혀
721	设计师	shè jì shī	디자이너, 설계사
722	涉及	shè jí	관련되다. 연관되다. 연루되다.
723	深化	shēn huà	심화하다
724	深深	shēn shēn	매우 깊이. 깊숙이
725	审查	shěn chá	(제안·계획·저작·경력 등을) 심사하다.
726	升级	shēng jí	업그레이드, 승급하다. 격상하다
727	升学	shēng xué	진학하다
728	升值	shēng zhí	평가 절상(하다)
729	生活费	shēng huó fèi	생활비

730	省钱	shěng qián	돈을 절약하다
731	圣诞节	shèng dàn jié	크리스마스
732	盛行	shèng xíng	성행하다. 널리 유행하다.
733	师父	shī fu	사부, 스승
734	师生	shī shēng	교사와 학생, 스승과 제자
735	时而	shí ér	때때로. 이따금.
736	时节	shí jié	계절. 철. 절기
737	时期	shí qī	시기
738	时时	shí shí	항상. 늘.
739	时装	shí zhuāng	최신 스타일의 복장. 패션
740	识	shí	알다
741	识字	shì zì	글자를 알다
742	实践	shí jiàn	실천하다. 실행하다.
743	食欲	shí yù	식욕, 입맛
744	市民	shì mín	시민
745	事后	shì hòu	사후
746	试点	shì diǎn	시험적으로 해 보는 곳
747	适当	shì dàng	적당하다, 적절하다. 알맞다
748	收藏	shōu cáng	수장하다. 소장하다. 수집하여 보관하다.
749	收取	shōu qǔ	받다, 수납하다, 수복하다
750	收养	shōu yǎng	수양하다. 맡아서 기르다
751	手续费	shǒu xù fèi	수수료
752	首	shǒu	처음, 시작, 머리, 지도자
753	首次	shǒu cì	최초. 첫째. 제 1 회
754	首脑	shǒu nǎo	수뇌. 영도자
755	首席	shǒu xí	상석. 맨 윗자리, 수석
756	首相	shǒu xiàng	수상
757	书房	shū fáng	서재, 서점
758	薯片	shǔ piàn	감자칩, 포테이토칩
759	薯条	shǔ tiáo	감자 튀김
760	双打	shuāng dǎ	복식, 맞겨루기. 대련
761	爽	shuǎng	밝다. 맑다, 상쾌하다. 시원하다
762	水泥	shuǐ ní	시멘트.
763	税	shuì	세금, 세
764	顺	shùn	거스르지 않다, 같은 방향으로 향하다

765	说明书	shuō míng shū	설명서
766	说实话	shuō shí huà	사실대로 말하다. 진실을 말하다. 솔직히 말하다.
767	司长	sī zhǎng	국장
768	死亡	sǐ wáng	사망. 멸망
769	四处	sì chù	주위, 사방
770	寺	sì	불교의 사찰. 절
771	送礼	sòng lǐ	선물을 보내다
772	送行	sòng xíng	배웅하다, 전송하다
773	素质	sù zhì	소양. 자질.
774	算了	suàn le	됐어, 필요없어(구어체)
775	算是	suàn shì	…인 셈이다. …라 할 수 있다
776	虽	suī	비록 …하지만
777	岁数	suì shu	나이
778	所	suǒ	채, 동(학교나 병원 등 건물을 세는 양사)
779	踏实	tā shí	마음이 놓이다. 편안하다. 안정되다.
780	塔	tǎ	탑
781	踏	tà	밟다, 나가다. 나서다
782	台灯	tái dēng	탁상용 전등. 전기스탠드
783	太阳能	tài yáng néng	태양 에너지
784	叹气	tàn qì	탄식하다. 한숨짓다. 한탄하다.
785	探索	tàn suǒ	탐색[탐구]하다. 찾다.
786	探讨	tàn tǎo	연구 토론하다. 탐구하다. 조사하다. 연구하다.
787	趟	tàng	차례. 번
788	掏	tāo	(손이나 도구로) 꺼내다. 끄집어 내다. 끌어 내다.
789	特	tè	특별하다, 특수하다. 특이하다
790	特大	tè dà	특대의, 특별히 크다
791	特地	tè dì	특(별)히. 각별히, 일부러. 모처럼
792	特快	tè kuài	특별 급행 열차
793	特意	tè yì	특별히, 일부러.
794	疼痛	téng tòng	고통, 너무너무 아끼고 사랑하다
795	踢	tī	차다. 발길질하다
796	提交	tí jiāo	회부하다. 제출하다. 제기하다
797	提升	tí shēng	진급시키다, 높은 곳으로 운반하다
798	天然	tiān rán	자연의. 천연의
799	天堂	tiān táng	천당. 천국. 극락.

800	天下	tiān xià	천하
801	添	tiān	보태다. 더하다. 덧붙이다
802	田	tián	밭. 논
803	田径	tián jìng	육상 경기
804	跳水	tiào shuǐ	다이빙, 물에 뛰어들다
805	听取	tīng qǔ	청취하다, 귀를 기울이다
806	通报	tōng bào	알리다, 통보하다
807	通道	tōng dào	통로, 대로. 큰길.
808	通红	tōng hóng	진홍빛이다. 새빨갛다
809	通话	tōng huà	통화하다, (서로 통하는 말로) 이야기하다
810	通行	tōng xíng	통과하다, 통용되다. 유통하다
811	通讯	tōng xùn	통신
812	同	tóng	같다. 서로 같다
813	同胞	tóng bāo	동포. 겨레. 한 민족.
814	同行	tóng xíng	동반하다, 동행하다
815	同期	tóng qī	동기
816	同一	tóng yī	같다. 일치하다. 동일하다
817	铜牌	tóng pái	동메달
818	头疼	tóu téng	두통, 머리가 아프다
819	投票	tóu piào	투표하다.
820	透露	tòu lù	드러내다, 폭로하다. 누설하다
821	图书	tú shū	서적, 지도와 서적
822	徒弟	tú dì	도제. 제자.
823	途径	tú jìng	방법. 방도. 수단. 비결.
824	土	tǔ	토지, 흙
825	团队	tuán duì	팀, 단체
826	推出	tuī chū	내놓다, 추천하다. 선발하다
827	退票	tuì piào	표를 무르다. 표를 환불하다
828	吞	tūn	(통째로) 삼키다, 목소리를 삼키다
829	托	tuō	받치다. 고이다. 받쳐 들다.
830	拖	tuō	끌다. 잡아당기다
831	拖鞋	tuō xié	슬리퍼
832	挖	wā	파다. 파내다. 후벼 내다
833	娃娃	wá wá	(갓난)아기. 어린애. 인형.
834	哇	wa	의성어·의태어

835	外币	wài bì	외화
836	外部	wài bù	외부
837	外出	wài chū	외출하다, 출장 가다
838	外观	wài guān	외관, 겉모양
839	外科	wài kē	외과
840	外来	wài lái	외부에서 오다
841	外头	wài tou	밖. 바깥. 바깥쪽
842	外衣	wài yī	코트, 겉옷
843	外资	wài zī	외자
844	弯曲	wān qū	만곡하다. 꼬불꼬불하다.
845	顽皮	wán pí	장난이 심하다
846	顽强	wán qiáng	완강하다. 억세다. 드세다. 강경하다.
847	王后	wáng hòu	왕후
848	王子	wáng zǐ	왕자
849	网吧	wǎng bā	PC방, 인터넷 카페
850	网页	wǎng yè	인터넷 홈페이지
851	往后	wǎng hòu	뒤[후]에. 뒷날. 앞으로
852	往来	wǎng lái	왕래하다, 왔다갔다하다
853	往年	wǎng nián	왕년. 옛날
854	望见	wàng jiàn	망견하다. 멀리 바라보다
855	危机	wéi jī	위기. 위험한 고비.
856	威胁	wēi xié	위협하다.
857	微波炉	wéi bō lú	전자 레인지
858	维生素	wéi shēng sù	비타민
859	为此	wèi cǐ	이 때문에. 그런 까닭에.
860	为何	wèi hé	왜, 무엇 때문에
861	文娱	wén yú	문화 오락. 레크리에이션
862	卧铺	wò pù	(기차나 여객선 따위의) 침대.
863	乌云	wū yún	검은 구름. 먹장구름
864	无边	wú biān	끝없다. 한없이 넓다
865	无关	wú guān	관계가 없다. 상관없다
866	无效	wú xiào	무효다. 효력이 없다
867	舞蹈	wǔ dǎo	춤. 무용.
868	物品	wù pǐn	물품
869	误	wù	틀리다. 잘못되다, 늦다. 늦어지다

870	西班牙语	xī bān yá yǔ	스페인어
871	吸毒	xī dú	마약을 빨다
872	牺牲	xī shēng	대가를 치르다. 희생하다.
873	洗衣粉	xǐ yī fěn	(세탁용) 가루비누
874	戏曲	xì qǔ	곤곡(昆曲)·경극(京劇) 등 중국의 전통적인 희곡
875	细胞	xì bāo	세포.
876	细菌	xì jūn	세균.
877	先锋	xiān fēng	선봉, 솔선자
878	嫌	xián	혐의. 의심. 원한. 미움
879	显出	xiǎn chū	환히 나타나다. 밝게 드러나다.
880	险	xiǎn	위험, 요해(지). 요해처
881	线路	xiàn lù	노선, 회로
882	陷入	xiàn rù	(불리한 지경에) 빠지다. 떨어지다.
883	响声	xiǎng shēng	소리
884	想不到	xiǎng bú dào	미처 생각하지 못하다. 예상하지 못하다
885	消耗	xiāo hào	(정신·힘·물자 등을) 소모하다.
886	消灭	xiāo miè	소멸하다. 없어지다
887	小费	xiǎo fèi	팁
888	小麦	xiǎo mài	밀, 소맥
889	小于	xiǎo yú	…보다 작다.…보다 적다
890	晓得	xiǎo dé	알다
891	笑脸	xiào liǎn	웃는 얼굴
892	笑容	xiào róng	웃는 얼굴
893	笑声	xiào shēng	웃음 소리
894	协会	xié huì	협회.
895	协商	xié shāng	협상하다. 협의하다.
896	协调	xié tiáo	조화하다,(의견을) 조정하다
897	协助	xié zhù	협조하다. 협력하고 원조하다
898	写字楼	xiě zì lóu	사무소, 사무용 빌딩,오피스 빌딩
899	写字台	xiě zì tái	책상, 사무용 테이블
900	心灵	xīn líng	심령. 정신. 영혼. 마음.
901	心愿	xīn yuàn	소원
902	心脏	xīn zàng	심장
903	心脏病	xīn zàng bìng	심장 질환, 심장병
904	新人	xīn rén	새 사람. 새 인간, 신진

905	新兴	xīn xīng	신흥. 새로 일어나다
906	薪水	xīn shuǐ	봉급. 급료. 급여. 삯. 임금. 노임.
907	信仰	xìn yǎng	신앙.
908	信用	xìn yòng	신용
909	兴旺	xīng wàng	창성하다. 흥성하다. 번창하다.
910	行程	xíng chéng	행정, 여정
911	形	xíng	모양, 형태
912	凶	xiōng	불길하다. 불행하다
913	凶手	xiōng shǒu	살인범. 살인자. 흉악범.
914	修车	xiū chē	차를 수리하다
915	袖珍	xiù zhēn	포켓형, 소형
916	悬	xuán	매달다, 걸다
917	旋转	xuán zhuǎn	(빙빙) 돌다. 회전하다. 선회하다. 돌리다.
918	选拔	xuǎn bá	(인재를) 선발하다.
919	选举	xuǎn jǔ	선거하다, 선출(하다)
920	学会	xué huì	배우다, 공부하다
921	学员	xué yuán	(교원에 대한) 대학의 학생, 수강생. 청강생
922	血管	xiěguǎn	혈관
923	血液	xiě yè	혈액
924	循环	xún huán	순환하다.
925	压迫	yā pò	억압하다., 압박하다
926	烟花	yān huā	불꽃, 봄날의 아름다운 경치
927	沿	yán	따르다, (물·길·물체의 가장자리 따위를) 끼다
928	沿海	yán hǎi	연해. 바닷가 근처 지방.
929	沿着	yán zhe	...을 따라서
930	研发	yán fā	연구 제작하여 개발하다
931	眼看	yǎn kàn	눈으로 보다, 곧. 순식간에. 이제
932	演奏	yǎn zòu	연주하다.
933	宴会	yàn huì	연회, 파티
934	洋	yáng	큰 바다, 성대하다. 방대하다
935	仰	yǎng	머리를 쳐들다, 우러러보다
936	养老	yǎng lǎo	노인을 봉양하다., 연로하여 쉬다
937	氧气	yǎng qì	산소.
938	样	yàng	종류, 모습
939	药品	yào pǐn	약품

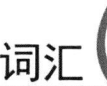 

940	要不然	yào bù rán	그렇지 않으면. ...하거나 ...하거나
941	要好	yào hǎo	사이가 좋다, 가깝게 지내다
942	要么	yào me	...하든지 ...하든지.
943	要素	yào sù	요소.요인
944	野	yě	야생
945	野生	yě shēng	야생
946	医药	yī yào	약, 의술과 약품
947	依次	yī cì	순서에 따라. 차례대로.
948	依赖	yī lài	의지하다. 기대다.
949	一次性	yí cì xìng	일회용
950	一代	yí dài	한 세대,한 왕조의 연대
951	一道	yí dào	함께, 같이
952	一贯	yí guàn	(사상•태도•정책 등이) 한결같다.
953	一路上	yí lù shàng	길에서
954	仪器	yí qì	측정[계측]기.
955	仪式	yí shì	의식.
956	遗憾	yí hàn	여한 / 유감스럽다.
957	一番	yì fān	한바탕, 한차례
958	一模一样	yì mú yí yàng	같은 모양 같은 모습이다, 모양이 완전히 같다
959	一齐	yì qí	일제히. 동시에. 다 같이
960	一时	yì shí	잠시, 한때. 한 시기
961	一同	yì tóng	함께, 같이
962	一行	yì xíng	한 줄, 일행
963	艺人	yì rén	연예인
964	议题	yì tí	의제
965	异常	yì cháng	심상치 않다. 정상이 아니다.
966	意想不到	yì xiǎng bú dào	예기치 못하다. 생각지도 못하다
967	意愿	yì yuàn	소원. 염원
968	因	yīn	의거하다, 연유. 까닭
969	因素	yīn sù	구성 요소, 조건
970	阴谋	yīn móu	음모.
971	阴影	yīn yǐng	그림자, 트라우마
972	音量	yīn liàng	음량
973	音像	yīn xiàng	녹음과 녹화
974	隐藏	yǐn cáng	숨기다, 감추다

975	隐私	yǐn sī	사생활. 사적인 비밀
976	印	yìn	도장. 인장/찍다. 인쇄하다
977	英雄	yīng xióng	영웅
978	迎来	yíng lái	맞이하다, 맞다
979	影迷	yǐng mí	영화광. 영화팬
980	影星	yǐng xīng	영화 배우
981	应对	yìng duì	응대하다, 대답하다
982	应急	yìng jí	절박한 필요에 대응하다
983	用处	yòng chù	용처. 용도, 쓸모
984	用得着	yòng dé zháo	소용이 되다. 필요하다
985	用法	yòng fǎ	용법, 사용 방법
986	用品	yòng pǐn	용품
987	用心	yòng xīn	마음을 쓰다. 심혈을 기울이다
988	优质	yōu zhì	우수한 품질. 양질
989	游人	yóu rén	유람객. 관광객. 여행객
990	游玩	yóu wán	놀다. 뛰놀다
991	游戏机	yóu xì jī	오락기
992	游行	yóu xíng	정처 없이 떠돌아다니다, 시위하다. 데모하다
993	有关	yǒu guān	관계가 있다,…에 연관되다
994	有没有	yǒu méi yǒu	있을까? 있는지 없는지?
995	有时	yǒu shí	경우에 따라서(는). 때로(는), 언젠가는.
996	于	yú	…에, …에서
997	娱乐	yú lè	오락, 즐거움 / 오락하다.
998	愉快	yú kuài	유쾌하다, 즐겁다
999	与	yǔ	주다. 베풀다,~과 함께
1000	宇航员	yǔ háng yuán	우주 비행사
1001	雨衣	yǔ yī	비옷, 레인코트.
1002	预约	yù yuē	예약하다
1003	元素	yuán sù	요소. 화학 원소
1004	园	yuán	정원, 공공 장소
1005	原地	yuán dì	현장, 제자리
1006	原	yuán	최초의. 시초의, 원래
1007	原告	yuán gào	원고
1008	原谅	yuán liàng	용서하다, 양해하다
1009	圆珠笔	yuán zhū bǐ	볼펜

1010	援助	yuán zhù	보조하다, 지원하다
1011	缘故	yuán gù	이유, 까닭
1012	远方	yuǎn fāng	먼 곳
1013	远离	yuǎn lí	멀리 떨어지다, 멀리하다
1014	远远	yuǎn yuǎn	멀다. 아득하다
1015	约定	yuē dìng	약속하다, 약정하다
1016	乐曲	yuè qǔ	악곡. 음악 작품
1017	晕	yūn	기절하다. 까무러치다./어지럽다.
1018	允许	yǔn xǔ	윤허하다. 허가하다. 응낙하다
1019	运作	yùn zuò	운행하다, 움직이다
1020	晕车	yùn chē	멀미
1021	杂	zá	잡되다. 잡스럽다, 각양각색이다. 다양하다
1022	再生	zài shēng	재생하다, 소생하다
1023	再说	zài shuō	...한 뒤에 하기로 하다, 다시 한번 말하다.
1024	遭到	zāo dào	만나다. 당하다. 입다.
1025	遭受	zāo shòu	(불행 또는 손해를) 입다. 당하다.
1026	遭遇	zāo yù	조우하다. 부닥치다. 맞닥뜨리다. 당하다.
1027	早晚	zǎo wǎn	아침과 저녁, 무렵. 때
1028	增进	zēng jìn	증진시키다
1029	增值	zēng zhí	평가 절상(하다),이익의 증가
1030	扎	zhā	(뾰족한 물건으로) 찌르다.
1031	扎实	zhā shi	견실하다. 견고하다. 튼튼하다. 확고하다.
1032	炸	zhà	터지다, 폭발하다
1033	炸弹	zhà dàn	폭탄
1034	炸药	zhà yào	폭약
1035	债	zhài	빚, 부채
1036	占据	zhàn jù	점거하다. 점유하다.
1037	战场	zhàn chǎng	싸움터, (노동·생산의) 현장
1038	战略	zhàn lüè	전략.
1039	战术	zhàn shù	전술.효과적으로 어떤 목적을 이루기 위한 방법
1040	战友	zhàn yǒu	전우, 동무. 친구. 동료
1041	站台	zhàn tái	플랫폼
1042	章	zhāng	(가곡·시문·문장 따위의) 단락
1043	长（秘书长）	zhǎng	장 (비서실장)
1044	掌声	zhǎng shēng	박수

1045	帐	zhàng	막. 장막
1046	帐户	zhàng hù	계좌
1047	涨	zhǎng	(수위나 물가 등이)오르다.
1048	障碍	zhàng ài	장애(하다). 방해(하다)
1049	招	zhāo	손을 흔들다, 손짓하다, 모집하다. 불러 모으다
1050	招聘	zhāo pìn	초빙하다, 모집하다
1051	照样	zhào yàng	예전대로[여전히] 하다. 그대로 따르다
1052	照耀	zhào yào	밝게 비추다. 환하게 비추다. 눈부시게 비치다.
1053	哲学	zhé xué	철학
1054	这就是说	zhè jiù shì shuō	즉. 말하자면. 결국.
1055	镇	zhèn	누르다. 억누르다, 가라앉히다. 진정시키다
1056	争夺	zhēng duó	쟁탈하다. 다투다.
1057	整顿	zhěng dùn	정돈(하다). 숙정(하다). 정비(하다)
1058	整治	zhěng zhì	손질하다. 정리하다. 수선하다
1059	正当	zhèng dàng	정당하다,바르고 곧다/바야흐로 ...한 때에 이르다
1060	政策	zhèng cè	정책
1061	政党	zhèng dǎng	정당
1062	政权	zhèng quán	정권.
1063	症状	zhèng zhuàng	증상. 증후.
1064	之类	zhī lèi	따위, 등등
1065	支撑	zhī chēng	버티다. 받치다. 지탱하다.
1066	支援	zhī yuán	지원하다.
1067	枝	zhī	가지
1068	知名	zhī míng	유명하다, 이름나다
1069	织	zhī	짜다, 방직하다, 뜨개질하다
1070	直升机	zhí shēng jī	헬리콥터
1071	职责	zhí zé	직책
1072	止	zhǐ	정지하다. 멈추다, 저지하다
1073	只得	zhǐ dé	부득이. 부득불. 할 수 없이
1074	只顾	zhǐ gù	오로지. 그저
1075	只管	zhǐ guǎn	얼마든지. 마음대로
1076	指定	zhǐ dìng	(사전에 사람•시간•장소 등을) 지정하다. 확정하다.
1077	指数	zhǐ shù	지수
1078	指头	zhǐ tou	손가락, 발가락
1079	指着	zhǐ zhe	가리키다, 손가락질하다/의지하다. 기대다

1080	至于	zhì yú	~에 관해서 말하면/~의 정도에 이르다.
1081	治病	zhì bìng	병을 고치다. 치료하다.
1082	智慧	zhì huì	지혜. 슬기
1083	中等	zhōng děng	중등, 중급
1084	中华	zhōng huá	중화, 중국
1085	中期	zhōng qí	중기, 중간
1086	中外	zhōng wài	중국과 외국
1087	衷心	zhōng xīn	진심, 충심
1088	钟头	zhōng tóu	시, 시간
1089	肿	zhǒng	붓다. 부어오르다
1090	种种	zhǒng zhǒng	갖가지. 여러 가지
1091	粥	zhōu	죽.
1092	珠宝	zhū bǎo	진주·보석류의 장식물
1093	诸位	zhū wèi	여러분.
1094	主持人	zhǔ chí rén	사회자, 진행자.
1095	主角	zhǔ jiǎo	주인공, 중심 인물
1096	主流	zhǔ liú	주류. 주요 추세
1097	煮	zhǔ	삶다. 끓이다.
1098	住宅	zhù zhái	주택.
1099	驻	zhù	멈추다. 정지하다, 머무르다
1100	柱子	zhù zi	기둥
1101	祝愿	zhù yuàn	소원, 기원하다, 바라다
1102	专用	zhuān yòng	전용, 오로지 의지[의존]하다
1103	转	zhuàn	회전하다, 맴돌다
1104	转动	zhuàn dòng	돌다. 회전하다. 돌리다
1105	赚	zhuàn	벌다, 이윤을 얻다
1106	赚钱	zhuàn qián	돈을 벌다
1107	装备	zhuāng bèi	장비. 장치, 설비
1108	壮观	zhuàng guān	장관. 경관이 훌륭하고 장대하다
1109	追究	zhuī jiù	(원인·연유를) 추궁하다. 따지다.
1110	捉	zhuō	잡다, 사로잡다. 포획하다
1111	咨询	zī xún	자문하다. 상의하다.
1112	自来水	zì lái shuǐ	수돗물
1113	自我	zì wǒ	자아. 자기
1114	自学	zì xué	자율 학습, 독학하다

1115	自言自语	zì yán zì yǔ	혼잣말을 하다. 중얼거리다
1116	自在	zì zài	편안하다, 안락하다
1117	宗教	zōng jiào	종교
1118	总部	zǒng bù	본부, 총사령부
1119	总监	zǒng jiān	총감독, 본부장
1120	总经理	zǒng jīng lǐ	총지배인, CEO
1121	总量	zǒng liàng	합계, 총수량
1122	走私	zǒu sī	밀수하다. 암거래하다
1123	奏	zòu	연주하다/(효과 따위를) 얻다
1124	租金	zū jīn	임대료. 차임
1125	足	zú	발/풍요롭다. 충분하다
1126	足以	zú yǐ	충분히 …할 수 있다.
1127	族	zú	족
1128	族（上班族）	zú (shàng bān zú)	족 (샐러리맨. 직장인.)
1129	祖父	zǔ fù	조부. 할아버지.
1130	祖国	zǔ guó	모국, 조국
1131	祖母	zǔ mǔ	조모, 할머니
1132	钻	zuān	뚫다, 깊이 연구하다
1133	最佳	zuì jiā	최적이다. 가장 적당하다.
1134	最终	zuì zhōng	맨 마지막(의). 최종(의). 최후(의). 궁극(의).
1135	罪	zuì	죄, 범죄
1136	罪恶	zuì è	죄, 죄악
1137	作	zuò	일어나다. 분발하다. 고무하다
1138	作废	zuò fèi	폐기하다. 무효로 하다
1139	作战	zuò zhàn	싸우다. 전투하다, 작전하다
1140	座谈会	zuò tán huì	심포지엄, 좌담회, 간담회

<드림중국어 시리즈 교재>

책 제목	책 제목
드림중국어 왕초보 탈출 1 (HSK 1급)	드림중국어 YCT 1-4급 실전 모의고사 (세트)
드림중국어 왕초보 탈출 2 (HSK 2급)	드림중국어 YCT 회화 (초급) 실전 모의고사
드림중국어 중급 듣기 1 (HSK 3급)	드림중국어 YCT 회화 (중급) 실전 모의고사
드림중국어 초급 회화 600	드림중국어 HSK 1-6급 실전 모의고사 (세트)
드림중국어 중급 회화 600	드림중국어 HSKK 초급 실전 모의고사
드림중국어 고급 회화 800	드림중국어 HSKK 중급 실전 모의고사
드림중국어 신 HSK 초.중급 필수 단어	드림중국어 HSKK 고급 실전 모의고사
드림중국어 신 HSK 고급 필수 단어	드림중국어 수능 기출 문제집 (세트)
드림중국어 신 HSK 초급 문법	드림중국어 수능 대비 문제집 (세트)
드림중국어 신 HSK 중급 문법	드림중국어 실용 회화 시리즈 (세트)
드림중국어 신 HSK 고급 문법	드림중국어 수능 단어 총정리 (세트)
드림중국어 한자쓰기 초.중급	드림중국어 중국 어린이 동요 100
드림중국어 한자쓰기 중급/고급	드림중국어 중국 어린이 시 100
드림중국어 중급 읽기 1-4 (중국 문화 이야기)	드림중국어 중국 시 100
드림중국어 고급 읽기 1-2 (중국 문화 이야기)	드림중국어 중국 명인 명언 100 (세트)
드림중국어 SAT2 대비 문제집 (세트)	드림중국어 MCT (의학 중국어 시험) 단어
드림중국어 고급 회화 1	중국 아이들이 좋아하는 동화 이야기
드림중국어 고급 단어 5000	드림중국어 중국 인기 노래 100 (세트)

<드림중국어> 출판사 전화: 010-9853-6588